# 自然之美

刘悦笛 著

时代出版传媒股份有限公司
安徽文艺出版社

果麦文化 出品

# 目录

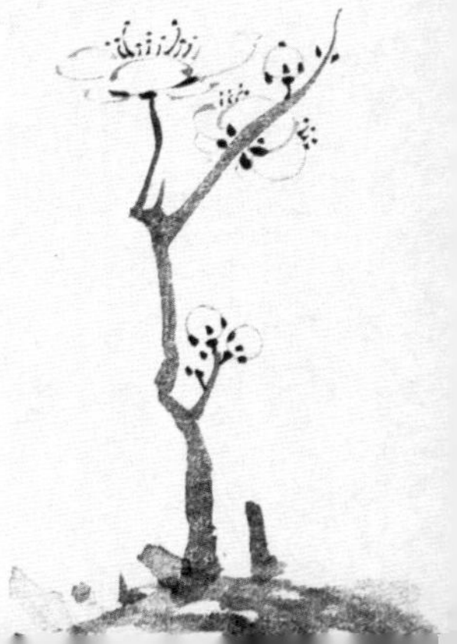

# 导语

## 从“美自然”到“自然美”

朋友，你登过黄山吗？俗话说得好，“五岳归来不看山，黄山归来不看岳”！

朋友，你游过桂林吗？俗话说得好，“桂林山水甲天下，阳朔山水甲桂林”！

每个人几乎都有被“自然之美”震撼的时候，尤其是爱旅游的人，大概也是爱自然的人吧。那些令人趋之若鹜的中国自然美景，有没有位于你的家乡或者家乡附近的呢？这些自然景观你去过几个呢？不知你想过没有：整个人类所直面的自然，究竟何以为美呢？中国的“自然美”，到底美在何处呢？

从“美自然”到“自然美”，这就出现一门学科，叫作自然美学。本书就从这个角度为大家深描“自然之美”，解释自然何以“成美”，这样的解说不囿于现象描述，而是提升到“美”之为“学”的高度了。

我们都知道，关于自然的科学，只有属于全人类的一种“自然科学”，因为科学本身是有统一标准的，不可能每个地方有每个地方的“科学”。但是，关于自然的审美，却是不同的地方有不同的喜好，人们喜爱自然的路数并不是相同的。这也就意味着，“自然美”并不仅仅出于直面自然的生理感受，同时也有“人化”的文化要素参与其中。

中国，这个拥有世界上最丰富的自然景观的国度，爱游山玩水的人，也常常是爱文化的人，中国人所爱的自然往往是“文化化”的自然。

我们来看下面这幅绘画作品。这是元代人武元直的《赤壁图》，我个人非常喜欢这幅画。赤壁是中国人喜爱的“自然+人文”的景观，如果没有三国时期那场著名的“赤壁大战”，如果没有后世文人的寻游凭吊，那么，赤壁不过就是一处普通的自然之景。由此可见，中国人所喜爱的景观，往往不是那种无人涉足的“荒野”，而是那种浸渍了人文化的自然，自然往往成为“历史的舞台”，其中所感受到的时间也被“立体化”了。

在古人钟情于山水，纵情于自然的时候，人都是其中的“观照”主体，其实更是“介入”自然的主体。以南朝吴均之美文《与朱元思书》中对

武元直的《赤壁图》呈现出中国人爱恋自然的人化观念。

自然美景的刻绘为例：

> 风烟俱净，天山共色，从流飘荡，任意东西。从富阳至桐庐，一百许里，奇山异水，天下独绝。水皆缥碧，千丈见底，游鱼细石，直视无碍。急湍甚箭，猛浪若奔，夹岸高山，皆生寒树。负势竞上，互相轩邈，争高直指，千百成峰。泉水激石，泠泠作响。好鸟相鸣，嘤嘤成韵。蝉则千转不穷，猿则百叫无绝。鸢飞戾天者，望峰息心；经纶世务者，窥谷忘反。横柯上蔽，在昼犹昏；疏条交映，有时见日。[1]

这段景物的描绘视角，以“人”为中心，远观俯察，目光所及之处，皆极其秀逸之态，所以才成为写景小品的典范之作。作为出世人的“鸢飞戾天者”，望峰而“息心”；作为入世人的“经纶世务者”，窥谷而“忘反”，但这“息心”与“忘返”的原因究竟是什么？

实际上，其来自对一花一草、禽鱼鸟兽的亲近感。所以，后代通过背依山水泉林而造庭做园，“因山省挑筑，因水省浚治；花木择其易活者培植”，如此“简便而措之，平淡而享之。但觉山水花木，自来亲人，而我无应接之烦，是乃可为真享受矣”[2]，只有当山水花木成为“亲人”而非对立者之时，才有所谓“真享受”也！

富有意味的是，中西方对自然审美的态度竟是全然不同的，尽管当

---

1 欧阳询：《艺文类聚》卷七，上海：上海古籍出版社 1985 年版，第 129—130 页。

2 张培仁：《妙香室丛话》，选自陈植主编：《中国历代造园文选》，合肥：黄山书社 1992 年版，第 136 页。

今也出现了交融之态。例如，美国人似乎认为自然越荒蛮就越是美的，甚至只有荒野才是美的，这与美国当年西部大开发的“西进运动”有一定的关联，所见之处尽为荒野（但其实很多地方都是印第安人的属地）。由此，西方环境美学当中就有一种非常极端的说法，叫作“自然全美”。

所谓“自然全美”，就意味着，自然的一切都是美的。世界上的自然万物本身都是美的，它们之所以出现丑的现象，唯一的可能性就是人类的参与。据此推论，只有那些未被触碰过的自然才是完全美的，由于人的存在，自然才变得如此丑陋。所以，西方人才更喜欢到人迹罕至的荒野当中去融入自然，但是中国人千百年来更倾向于把自然文化化。

比照来看，西方人之所以更喜欢荒野之美，乃是因为一种西方文化式的男性中心主义文明，故具有一种所谓男性气质（masculinity）。但是，中国人与天地万物之间的亲缘关联，则更倾向于华夏文化式的女性中心主义文明，因而更具有一种女性气质（femininity）。所谓“乾道成男，坤道成女。乾知大始，坤作成物”（《周易・系辞上》），按照中国人的传统宇宙观，万物生发都是与“坤之道”相关联的。

如今，每逢周末、假期，兴致好的人会到野外踏青、郊游，寻访“自然的气息”。发起于欧美的“生态运动”（Ecology movement），也在不断揭示人类对自然的“干扰”和“破坏”，试图恢复自然的宁静，似乎自然已经可怜兮兮，等待着人类的悲悯。然而，如果跳出“人定胜天”的观念格局，人至今不也身处自然之中，仰仗着自然的滋养吗？高楼林立、机车轰鸣的都市再繁华、热闹，一旦狂风骤雨、地震、洪水袭来，不也一样黯淡无光、阒寂一片吗？如今的自然，已经超越了传统的所谓“天人合一”的格局，转变成了“人类社会—大自然”的复合体。

人类投入自然中去优游，其实就是回到地球母亲的怀抱。

正因没有这种认识，今天叫嚷“回归自然”的人，往往凌驾于自然之上；回归自然的行为，也无非是逛公园、看风景、种花养草、游山玩水，兴致来了，高蹈而去，尽兴之后，又把自然抛到九霄云外去了。实际上，关键就在于人类对自然要有“情”，不仅对人类同胞，而且对作为母体的自然也要“一往而情深”,人类热爱自然的动力之源,就在于“情不知所起”。

在传统时代，在人为的力量尚未如此淋漓尽致地展现出来，人类社会与大自然尚不构成二元对立的紧张格局之时，自然并不是科学实验的对象，也不是人类取舍由我的卑微的原料产地，更不是所谓“有识之士”振臂高呼要“拯救”和“保护”的弱者，而是万物的“本源”。万物，自然也包括人在内，人也是自然中的万物之一，人毕竟来自自然，也终要归于自然。

如今，的确是“生态失衡”的大时代。2015年我赴美国加州克莱蒙参加第九届生态文明国际论坛的时候，遇到了来自世界各地的环保人士，在一场对自然充满情感的开幕式当中，参与者们的悲观情绪普遍溢于言表——面对生态环境越来越恶劣的地球，我们身处其中的人类究竟该怎么办?

好在有了从自然到环境的美学的出场。按照自然美学的观点，最早的环境就是指“自然环境”,但是后来这种环境逐步扩大到了“人造环境”,于是另一种被称为环境美学的学科就随之出现了，本书就从自然美学与环境美学的两种视角来透视“美自然”与“自然美”。

美学的出场，不仅在于保护自然与环境，更在于使人类在自然和环境当中生活得更加美好。让这个世界更美好，已经成为当今自然与环境美学家的共同诉求。环境伦理学只是告诉我们，自然环境是需要人类保护的，人类要更多地退出已介入太深的自然，但是自然美学告诉我们：什么样的自然环境才是值得生活其中的!

这是“美自然”的呈现，也是“自然美”的价值！这是自然美学的意义，也是环境美学的意义!

# 中国最美的地方在哪里？

在你心目中，中国最美的地方在哪里？

在你心目中，哪里是你遇到过的最美的“中国自然”或“自然中国”？

就在2005年，《中国国家地理》杂志发起了一次“中国最美的地方”评选活动，随着“专家学会组”评选名单出炉，一个个“出乎意料”的评选结果呈现在人们的眼前。许多大众心目当中的传统名山大川纷纷名落孙山，而许多人们并不熟悉的景观被选了出来。

中国最美的地方在哪儿？通常说来，这绝对是公说公有理，婆说婆有理的事情。但是，如果在全国范围内做一个普查的话，哪里是最美的山脉，哪里是最美的江河，哪里是最美的瀑布，哪里是最美的盆地，哪里是最美的森林，说不定还真有“正确”的答案出炉。

但是，这种答案可能是某一占据主导的群体的回答，未必是准确的。中国很大，不同的文化区域有着不同的审美标准，更何况，没有一个人能“走遍天下”，就像当年的徐霞客一样，也只是走到了他所能涉足的地方。

此事的详情是这样的：《中国国家地理》杂志在其55周年社庆之际，发起了一次由全国34家媒体参与的大型“选美中国——中国最美的地方”评选活动。这次活动号称有全国4家专业学会参与，包括中国地理学会、中国地质学会、中国风景园林学会、中国森林风景资源评价委员会。

根据《中国国家地理》的公开宣称，参与初选的评委都是“地理学、地貌学、地质学、美学方面”的专家，所以这个评选结果称得上权威。但事实上，美学家占比很低。具有最终投票权的14位总评审委员会专家中，占据绝对人数优势的是11位中国科学院的院士，除了中国权威地理学家施雅风院士、致力于中国自然地理的吴传钧院士，孙鸿烈、刘东生、陈述彭、刘嘉麒、卢耀如、李文华、冯宗炜、任继周这8位院士则致力于其他领域的研究，吴良镛院士致力于建筑工程研究。人数上占据劣势的非科学领域的3位专家，包括来自中央美术学院的艺术史家邵大箴与艺术批评家范迪安，还有一位就是我的老同事——来自中国社科院及中华美学协会的聂振斌。由此可见，最终的投票者是11位自然科学家和3位来自人文领域的专家。

成立专家评审组后，这个评审组为15种“中国最美地方的类型”制定了所谓的“新标准”。在这15个最美地方的类型中，又为其封上了中国最美的十大名山、中国最美的五大湖、中国最美的五大沙漠、中国最美的三大雅丹、中国最美的五大城区、中国最美的十大峡谷、中国最美的六大旅游洞穴、中国最美的八大海岸、中国最美的六大瀑布、中国最美的六大冰川、中国最美的十大森林、中国最美的十大海岛、中国最美的六大沼泽湿地、中国最美的六大乡村古镇、中国最美的六大草原的称号。

下页的图片，就是被评选为“十大名山”之首的南迦巴瓦峰，这图片是2021年4月5日一位专拍星空的朋友拍摄给我的。这座雪山是西藏林芝市最高的山，高度排在世界最高峰行列的第15位，海拔达到7782米，它不仅被誉为“云中的天堂”，也被视为“探险者的天堂”。但是拜访过此山的游客并不多。

然而，各种质疑纷纷出现：北京仅有什刹海入选中国“最美”城区。位于最美的十大名山之首的是名不见经传的南迦巴瓦峰，而普通人眼里的名山只有黄山、泰山和峨眉山挤进了前十名。五大湖中，西湖排最后。六大瀑布中，黄果树瀑布排最后。十大森林中，蜀南竹海排最后，

南迦巴瓦峰被《中国国家地理》评为“中国十大名山”之首。

前九个基本上还未开发！[1]

以北京的美景为例，我总觉得，什刹海的确称得上北京最美的地方，尤其是冬天的后海，白雪皑皑、冰色绚烂。那是情侣午后黄昏、面朝后海来铭刻爱情的绝美境地。美景总是因人的心境而得以被终生铭记，但是北京美景的选择还是非常多的。

实际上，若想深深体味“京城胜景”，有几处制高点必须要去看。如果观赏内城之景，景山的万春亭、北海的白塔、鼓楼的前庭，它们共同构成了“三角形”的三个顶点，透过这个金三角，内城的美可以一览无余；如果观看外城之景，那么，西边的中央广播电视塔与东边的国贸三期顶层，无疑是最好的选择。

按照评选组委会的解释，对“山”的“选美总标准”主要有五方面，这五个方面分别占有不同的比重，它们是：

（1）有独特的观赏价值（30分）。

（2）从地貌形态上要具备该种地貌的典型特征，科学价值较高（20分）。

（3）相对高度超过1000米，垂直分布的自然带数量和特征突出（20分）。

（4）有较高的人文价值（20分）。

（5）没有被人类过度开发（10分）。

再如，对海岛的选美标准包括“岛屿周围海水洁净”“岛上山石形胜具有突出的美感”“有独特或稀罕的地质地貌景观”“具有地质科学价值”等等。同理可证，在对冰川、湖泊、草原、沙漠、瀑布、森林、旅游洞穴、海岸等的评选当中，基本按照类似的标准来执行。

1 “中国最美的地方”评选遭到质疑，见“千龙新闻网”2005年11月1日的相关报道。

每个热爱自然者的心目中，都应该有一处自己最爱的“最美的瀑布”。

在这次由《中国国家地理》发起的“中国最美的地方”评选活动结束之后，国内媒体纷纷质疑其评选结果，问题集中在“为何传统意义上的中国美景落选了”“为什么如此多的大众前所未见的景色被纳入其中”这些表面现象上。

面对中国媒体与专家人士的质疑，组织此次评选活动的《中国国家地理》的负责人在回应当中，再次强调了这次评选活动的“权威性”，当然主要是通过列举参与评选的专家和院士的名单，表明本次评选的“量化标准”，以此证明本次评选活动是具有“权威性”的。但是，在所谓的“科学标准”胜出之余，恰恰忽视了这种“选美中国”活动的内核——“审美标准”，并在评选当中忽视了中西文化之间的本然差异，特别是自然审美的差异。

在公众惊讶之余，我们不禁要问：这种“颠覆传统”的评选结果究竟说明了什么？从审美文化的视野来看，这种评选展现出来的却是中西两种审美观的根本性差异。或许，我们的审美真的越来越“西化”了？难道中国传统的“自然审美”观念真的过时了吗？

在此，我们采撷一部分评选结果，在如下的“选美中国”表格当中，按照“科学标准—审美标准”“西化标准—本土标准”“专家标准—大众标准”和“自然标准—人文标准”来加以对比，我们就可以看到，究竟哪一种标准是占据主导的：

| “选美中国”的项目 | “选美中国”的评选结果 | 科学标准 | 审美标准 | 本土标准 | 西化标准 | 大众标准 | 专家标准 | 自然标准 | 人文标准 |
|---|---|---|---|---|---|---|---|---|---|
| 一、中国最美的十大名山 | 1. 南迦巴瓦：云中的天堂 | ☆ | | | ☆ | | ☆ | ☆ | |
| | 2. 贡嘎：风停止了脚步 | ☆ | | | ☆ | | ☆ | ☆ | |
| | 3. 珠穆朗玛：心灵的守望 | ☆ | | ☆ | | ☆ | | ☆ | |
| | 4. 梅里：雪神的仪仗队 | ☆ | | | ☆ | | ☆ | ☆ | |
| | 5. 黄山：上帝的盆景 | | ☆ | ☆ | | ☆ | | ☆ | ☆ |
| | 6. 稻城三神山：香格里拉的地标 | | ☆ | ☆ | | ☆ | | ☆ | ☆ |
| | 7. 乔戈里：遥远的秘境 | ☆ | | | ☆ | | ☆ | ☆ | |
| | 8. 冈仁波齐：众神的居所 | ☆ | | | ☆ | | ☆ | ☆ | |
| | 9. 泰山：华夏的图腾 | | ☆ | ☆ | | ☆ | | | ☆ |
| | 10. 峨眉山：从盆地升向天庭 | | ☆ | ☆ | | ☆ | | ☆ | ☆ |
| 二、中国最美的五大湖 | 1. 青海湖：陆心之海 | | ☆ | ☆ | | ☆ | | ☆ | |
| | 2. 喀纳斯湖：上帝的调色板 | | ☆ | ☆ | | ☆ | | ☆ | |
| | 3. 纳木错：与神耳语的地方 | ☆ | | | ☆ | | ☆ | ☆ | |
| | 4. 长白山天池：盛怒之后的平静 | | ☆ | ☆ | | ☆ | | ☆ | |
| | 5. 风雅西湖 | | ☆ | ☆ | | ☆ | | | ☆ |

（续表）

| “选美中国”的项目 | “选美中国”的评选结果 | 科学标准 | 审美标准 | 本土标准 | 西化标准 | 大众标准 | 专家标准 | 自然标准 | 人文标准 |
|---|---|---|---|---|---|---|---|---|---|
| 三、中国最美的五大沙漠 | 1. 巴丹吉林沙漠腹地：上帝画下的曲线 | ☆ | | | ☆ | | ☆ | ☆ | |
| | 2. 塔克拉玛干沙漠腹地：大地的天体营 | ☆ | | | ☆ | | ☆ | ☆ | |
| | 3. 古尔班通古特沙漠腹地：大漠的血脉 | ☆ | | | ☆ | | ☆ | ☆ | |
| | 4. 鸣沙山、月牙泉：千年的守望 | | ☆ | ☆ | | ☆ | | | ☆ |
| | 5. 沙坡头：曳住流沙的脚步 | ☆ | | | ☆ | | ☆ | ☆ | |
| 四、中国最美的三大雅丹 | 1. 乌尔禾：风爱坎坷不喜平 | ☆ | ☆ | | ☆ | | ☆ | ☆ | |
| | 2. 白龙堆：群龙聚首天涯 | ☆ | ☆ | | ☆ | | ☆ | ☆ | |
| | 3. 三垅沙：开进戈壁的舰队 | ☆ | ☆ | | ☆ | | ☆ | ☆ | |
| 五、中国最美的五大城区 | 1. 厦门鼓浪屿：听罢琴声听涛声 | | ☆ | ☆ | | ☆ | | | ☆ |
| | 2. 苏州老城：现代化包围的古老 | | ☆ | ☆ | | ☆ | | | ☆ |
| | 3. 澳门历史城区：西方文化由此登陆 | | ☆ | ☆ | | ☆ | | | ☆ |
| | 4. 青岛八大关：殖民者留下的风情 | | ☆ | ☆ | | ☆ | | | ☆ |
| | 5. 北京什刹海地区：紧邻中南海的时尚 | | ☆ | ☆ | | ☆ | | | ☆ |
| 六、中国最美的十大峡谷 | 1. 雅鲁藏布大峡谷 | ☆ | ☆ | | | ☆ | | ☆ | |

（续表）

| “选美中国”的项目 | “选美中国”的评选结果 | 科学标准 | 审美标准 | 本土标准 | 西化标准 | 大众标准 | 专家标准 | 自然标准 | 人文标准 |
|---|---|---|---|---|---|---|---|---|---|
| | 2. 金沙江虎跳峡 | ☆ | ☆ | | | ☆ | | ☆ | |
| | 3. 长江三峡 | | ☆ | ☆ | | ☆ | | ☆ | |
| | 4. 怒江大峡谷 | ☆ | | | | | ☆ | ☆ | |
| | 5. 澜沧江梅里大峡谷 | ☆ | | | | | ☆ | ☆ | |
| | 6. 太鲁阁大峡谷 | ☆ | | ☆ | | | ☆ | ☆ | |
| | 7. 黄河晋陕大峡谷 | | ☆ | ☆ | | ☆ | | ☆ | |
| | 8. 大渡河金口大峡谷 | ☆ | | | | | | ☆ | |
| | 9. 太行山大峡谷 | | ☆ | ☆ | | ☆ | | ☆ | |
| | 10. 天山库车大峡谷 | ☆ | ☆ | | | ☆ | | ☆ | |
| 七、中国最美的六大旅游洞穴 | 1. 梦幻织金洞 | ☆ | ☆ | ☆ | | ☆ | | ☆ | |
| | 2. 多彩芙蓉洞 | ☆ | ☆ | ☆ | | ☆ | | ☆ | |
| | 3. 全能黄龙洞 | ☆ | ☆ | ☆ | | ☆ | | ☆ | |
| | 4. 震撼腾龙洞 | ☆ | ☆ | ☆ | | ☆ | | ☆ | |
| | 5. 本色雪玉洞 | ☆ | ☆ | ☆ | | ☆ | | ☆ | |
| | 6. 九曲本溪水洞 | ☆ | ☆ | ☆ | | ☆ | | ☆ | |
| 八、中国最美的八大海岸 | 1. 亚龙湾：跌落在地上的天空 | | ☆ | ☆ | | ☆ | | ☆ | |
| | 2. 野柳：海浪留在大地上的作品 | | ☆ | ☆ | | ☆ | | ☆ | |
| | 3. 成山头：腹地对大海的渴望 | | | | | | ☆ | | |
| | 4. 东寨港红树林：留在陆地上的碧浪 | ☆ | | ☆ | | ☆ | | ☆ | |
| | 5. 昌黎黄金海岸：沙漠与大海的吻痕 | | ☆ | ☆ | | ☆ | | ☆ | |

（续表）

| “选美中国”的项目 | “选美中国”的评选结果 | 科学标准 | 审美标准 | 本土标准 | 西化标准 | 大众标准 | 专家标准 | 自然标准 | 人文标准 |
|---|---|---|---|---|---|---|---|---|---|
| | 6. 维多利亚海湾：万丈红尘映碧海 | | ☆ | | ☆ | ☆ | | | ☆ |
| | 7. 崇武海岸：惠安女眺望大海的地方 | | ☆ | ☆ | | ☆ | | | ☆ |
| | 8. 大鹏半岛：临近闹市的一块荒野 | | ☆ | ☆ | | ☆ | | | ☆ |
| 九、中国最美的六大瀑布 | 1. 藏布巴东瀑布群：大峡谷中的隐士 | ☆ | | | ☆ | | ☆ | ☆ | |
| | 2. 德天瀑布：跨国的风情 | ☆ | | | ☆ | | ☆ | ☆ | |
| | 3. 黄河壶口瀑布：万千气象一壶收 | | ☆ | ☆ | | ☆ | | ☆ | |
| | 4. 罗平九龙瀑布：红土地上的飘带 | | ☆ | ☆ | | ☆ | | ☆ | |
| | 5. 诺日朗瀑布：树丛中的织锦 | | ☆ | ☆ | | ☆ | | ☆ | |
| | 6. 黄果树瀑布：不能复制的雄浑 | | ☆ | ☆ | | ☆ | | ☆ | |

# 以何种标准评判自然美？

面对“选美中国”的结果，我们不禁质疑，这种对“中国最美的地方”的评选，所遵循的究竟是什么标准？这种评选所依据的到底是“公允标准”，还是“褊狭标准”？归根结底，这关系到我们要用哪种标准去评判自然之美。

首先，我们要问：究竟是“审美标准”，还是“科学标准”？

在这次“中国最美的地方”评选中，可以明显地看到，“科学标准”是绝对压倒“审美标准”的，尽管评选的是最“美”的地方。

从“最美类型”的制定标准来看，可以说，它基本上是按照一种“科学化”的原则来定位的。比如，对“山”的评选标准，主要分为两种指标——“硬指标”和“软指标”。

在100分制中占20分的“从地貌形态上要具备该种地貌的典型特征，科学价值较高”，占另20分的“相对高度超过1000米，垂直分布的自然带数量和特征突出”，这类标准，显然都是绝对的科学标准，属于“硬指标”。只占10分的“没有被人类过度开发”也属于“硬指标”，基本上是依据科学标准来认定的。留给“非科学”标准的余地，看似占据了50分，其实也并不高。

其中，占了30分的“有独特的观赏价值”属于真正的“软指标”，它似乎在证明这种选举所选的是“最美的”。然而，尽管所谓的“观赏价值”是纯粹的审美维度，但是加上“独特”这个限定语，就可以看到，这里更侧重的标准是一种“独特性”。换言之，这种独特性所追求的，并不是“美中最美”，而是“不常见”的美，只有探险者或科考人员才能见到的“独特之美”。

事实也正是如此。在所谓的“十大名山”里面，除了黄山、泰山、峨眉山之外，其他大部分都是雪山，排名首位的南迦巴瓦峰更是不为常人所知。当然，评选者们也没有忘记在标准里面给“人文”留下位置，是否“有较高的人文价值”占了 20 分，但是这个“软指标”由于其无法量化而显得过于模糊，难以在其中起到决定性的作用。

还有，从评委的角度来说，从事科学研究的评委占据了主导位置，而从事艺术工作的占据少数。如此看来，这次“选美”更多强调的是地理学、地貌学、地质学方面的因素，当评委们论述雪山的“雪线”如何美的时候，其实是自觉不自觉地在运用自然科学知识，但大众审美者究竟有几个知道雪线的科学定义呢？这种科学化的审美，必定有各种科学要素参与其中，“自然知识”本身在其中占据了重要地位。

其次，我们要问，究竟是“本土标准”，还是“西化标准”？

我们想要强调，本次评选的初衷，是要选出中国的最美的地方。既然是中国的美景，就要有本土化的眼光和气度。因为，我们要选出的，是由中国人的“审美之眼”所见的美景，而不是通过被“西化”的审美风格改变的眼光所观照的。

当今中国人的审美观的确在改变并吸收了西化的审美成分，但是我们仍要保持住本土的“文化身份”（cultural identity）。为什么这样说呢？因为在中西方两种审美眼光中，必然存在着文化的差异，甚至从生理基础上就决定了这种差异。

中国传统的审美，采取的是以中原地区的汉族文化为主的审美方式，由于历史和地理的原因，尚没有过多地关注边缘地带和少数民族地区。在很大程度上，历史上的“审美者”观照到哪里，风景也就跟随到哪里。比如唐代的“边塞诗”，就是诗人戍边的戎马生涯的写照，所以才将“大漠孤烟”的景色表现出来。因为只有他们可以将美景纳入“大文化”（The Great Culture）传统当中。

然而，与中国传统审美观不同，西方的审美观，归根结底，就是

按照科学标准来衡量，雪山的评选得分一般会高于中原的高山。

一种“科学化”的审美观。中国文化往往“以自然为自然”，注重自然的“自然而然”的本性，而西方的审美文化则注重对于自然的改造。按照当代加拿大环境美学家艾伦·卡尔松（Allen Carlson）的观点，科学才是所谓“环境范式”的知识来源（如自然史累积的自然知识，或者民俗传统提供的自然知识）[1],这显然难逃欧美中心主义的思维藩篱。其实，对自然的审美未必一定借助于自然知识，自然情感本身亦占据了重要方面。

在这个意义上，中国传统的“自然审美范式”倒可以成为“环境范式”中的另一种范例。但在“中国最美的地方”评选当中，可以处处看到“西化式”的审美方式的存在。

正如《中国国家地理》公布评定结果的那期卷首语《中国的美景分布》所言：

> 代表这些景观的点最集中的地方是中国的西南——川滇藏的交会处，即横断山区。……而另一个密集区在新疆天山……自然美景分布的规律：美景不在人口稠密的地方，也不在主流文化的区域，美景分布在人烟稀少或少数民族居住的地方。

实际上，在这种颠覆传统的背后，暗藏的是西方审美观念对本土审美观念的挑战。

比如说，在世界上中国是雪山和冰川大国，但是中国传统文化中没有雪山、冰川这样的审美范畴，《中国国家地理》可谓开启了欣赏雪山、冰川的“新时代”，这种拓展无疑是好事，但也是以替换了中国审美传统为代价的。

---

1 Allen Carlson, *Appreciation and Natural Environment*, in The Journal of Aesthetics and Art Criticism, Vol.37, (Spring, Fall, 1979).

再次，我们要问，究竟是“大众标准”，还是“专家标准”？

这次的“选美中国”，还有一个比较突出的现象，就是专家与大众的审美观念拉开了距离。这突出表现在，大众心目当中的“美景”纷纷落选，同时大量被评选出来的“最美”却根本不为大众所知。

换言之，“这个排名的突出特点是大多数都是少有人知、闻所未闻的景点，而家喻户晓的很少上榜”。由此可以质疑，这种评选活动，究竟体现的是科学精英的审美观，还是大众的整体审美趋向？

在入选名单公布之后，不少公众质疑十大名山中青藏高原的雪山就占了三座，而且观赏雪山所带来的震撼与传统游山的美感不同，雪山对于大多数游览者来说就跟南极一样，更多的是“科研价值”，在“美学”和“旅游”上的价值并不高。

还有论者认为评出的六大古镇中，入选联合国文化遗产的宏村、西递乃至著名的江南六镇都没有入选，入选的前四名都是鲜为人知且路途遥远的镇子。公众质疑说，难道它们真的就美得空前绝后吗？真的就能超越我们熟知的古镇吗？难道这种选美的标准真的是“物以稀为贵”吗？究竟是以“稀”和“奇”为美，还是以“美”为美？

事实上，这种质疑是有道理的，因为“专家学会组”构成了一个特殊的“审美共同体”，他们或者依据自己的“科学眼光”，或者按照自身的“审美癖好”所评选出来的结果，当然与大众心目当中的“美景”差之千里。

问题是，“最美”究竟是应由少数人来选定，还是应该符合大多数人的标准？在这个审美泛化的时代，少数专家学者能否代表整个社会的审美观念？究竟是大众“公认”的“美”是“美”，还是由少数精英“审定”的“美”才是“美”？这才是问题的关键之一。

最后，我们还要问：究竟是“人文标准”，还是“自然标准”？

按照主办方的看法，本次“选美中国”的最终评选结果，意味着一个“新的审美时代”已经来临，这种变迁实际上反映了主流文化关注范围和重点的转移。

从“选美中国”的内在标准设置中，折射出来的，是中西文化的差异。按照中国传统的审美观念，“天”“地”“人”皆处于和谐的关系当中，“人”不是“天地”的主宰，“天”“地”与“人”共同参与了“道化”的创造。按照欧洲传统，往往是人重于自然，自然渗透着人的力量。

如果我们仅以被选的自然风光为例，那么，可以追问，这里所采取的基本评选原则，究竟是“让自然成为自然”的“自然标准”呢，还是“让自然得以人化”的“人文标准”呢？

按照主办方的解释，庐山、黄山、峨眉山在中国古代之所以没有进入五岳的行列（五岳是中国传统文化推举的“五座名山”，被视为古代民间山神崇拜、五行观念和帝王巡猎封禅相结合的产物），正是因为泰山、恒山等地靠近华夏祖先最早的定居地，更容易进入主流文化的视野。随着人类活动范围的扩大，西部群山中越来越多的山成为新的名山，这是必然的趋势，这些名山大多位于高原并多为雪山。可见，这次“选美中国”的一个基本标准就是未被人类过度开发，那些人迹罕至的地方往往备受专家的青睐。

从表面上看，这是依“自然标准”办事，但实际上，当这些专业审美者以“科学美感”看待自然的时候，恰恰依据的是“人化”的准则。中国传统审美方式，强调的是自然天地按照“自然而然”的规律来完成的，但是一种深度的“人文意识”“润物细无声”般地浸渍其中。

中国文化所强调的人“与天地参”的“参”，不是破坏而是人与天地的协同。所以说，传统中国的审美方式恰恰在“自然标准”与“人文标准”之间找到了一种动态的平衡，但更侧重于“人文标准”而非“自然标准”。而西方审美观念在强调“人化自然”的基础上，更倾向于“自然标准”而非“人文标准”。

综上所述，面对“选美中国”的结果，我们不禁要质疑，这种对

西方人对荒野的审美热爱左右了“选美中国”的结果。

“中国的最美的地方”的评选所遵循的：

（1）究竟是“审美标准”，还是“科学标准”？

（2）究竟是“人文标准”，还是“自然标准”？

（3）究竟是“大众标准”，还是“专家标准”？

（4）究竟是“本土标准”，还是“西化标准”？

实际上，对中国的最美的地方的评选，不能过分依据“科学化”“专业化”和“自然化”的西方标准，反而要遵循“审美化”“大众化”和“人文化”的中国原则，由此才能最终确定“中国美景”的评选标准。

中国的地理结构，的确呈现出“梯田的格局”，东部和中部是中国古时人们的聚集区，而西部则人烟稀少，东部和中部以平原为主，西部逐渐升高直到青藏高原。因此文化传统是东部主导的，自然审美观也基本是以东部和中部人的审美观为主流的。现在开始将视角逐渐望向了西部，从而形成了新旧观念之间的矛盾冲突。

面对这种冲突，我们仍要遵循两个基本原则，一个是“本土化的原则”，另一个则是“审美化的标准”，由此才能最终确定“中国美景”的评选标准。

这就关乎到底什么是“自然之美”，人们为何能欣赏到“美之自然”，“自然之美”具有地域性吗，“美之自然”拥有全球性吗等问题。这也是本书与你一起，所要探讨和解决的难题……

# 鉴赏自然具有三种范式

自然为何对人是美的？或者说，人们以何种方式来鉴赏自然呢？

“自然审美鉴赏”（the aesthetic appreciation of nature）的方式的提出，在我看来，是自然美学的最重要的创建。艾伦·卡尔松是我的老朋友，1979 年他在其著名的《鉴赏与自然环境》一文中，提出了欣赏自然的三种不同的重要范式[1]，这个说法后来被广为接受，也不断被后人阐释。

欣赏自然，第一种范式就是“对象范式”（the object paradigm）。简单地说，这种范式，就是把“自然的延展”视为一件艺术品，也就是把自然当成艺术来看。具体来解释，就是按照“艺术形式化”的要求观照自然，比如将自然“看作”一座雕塑，欣赏这座“雕塑”的感官属性、突出式样乃至表现性等等，那就意味着，“自然之美”是以“雕塑之美”为标准的。

如果说，任何艺术创造都需要“剪裁”，而不是一股脑地把艺术材料“堆积”上去的话，那么，对自然的观照，其实也是对自然的一种接受意义上的“剪裁”。欣赏自然，也就是在“剪裁”自然，这到底是什么意思呢？

这放在中国文化里会更好理解，比如，黄山著名的自然景观“十八罗汉朝南海”，人们更多地将它视为令人叹为观止的雕塑品，更多考虑的是该自然物的线条、体积、色彩等形式要素，同时将人的情感和思绪移入或投注其中，从而才能领悟到这“并不是作品”的作品之“神韵”。

---

1 Allen Carlson, *Appreciation and Natural Environment*, in The Journal of Aesthetics and Art Criticism, Vol.37, (Spring,Fvall,1979).

按照自然鉴赏的“对象范式”,自然物本身被直接看作艺术品,中国古典水墨画的“蟹爪”画法(五代李成的《读碑窠石图》)与印象派的急速的笔触(法国西斯莱的《鲁弗申的花园小路》)是何等相似!

这就是说，自然不是艺术品，但是欣赏自然的你，却把它当作艺术品，并按照艺术的形式标准来看待自然。这种“看待”，比如将山脉的条条曲线、山麓的整体色调“看进去”了，那也就是关注到自然的这个属性而不计其余了，这难道不也是一种“剪裁”吗？！

第二种范式，叫作“风景或景色模式”（the landscape or scenery model）。这种模式与第一种相比则退了一步，它将自然直接当作“风景画”来加以观照。这个模式其实很好理解，因为我们在观赏自然景观的时候，经常使用的一个赞美的词就是“如画”。

什么是“如画”呢？如画的，不是画本身，而是“风景如画”，自然才能如画。我们经常听到，欣赏到自然之美的人赞美说——“这太像一幅画了！”“这才是如画一样的自然呀！”。

其实，这种观照的范式，就好似拿一个事前定好的“画框”置于眼睛与自然之间，将画框里面被吸纳进来的部分看作一种“风景”。但正如艺术社会学所证明的，17 世纪以来的风景画遗产已深刻地影响了欧洲人的审美观。因此，我就有了疑问：一个从来没有见过风景画的撒哈拉以南非洲部落的人，怎么能看出“风景如画”呢？如果一个人连风景画都没看过，怎么能知道风景之“画”的美呢？

所以，许多欣赏者在观照三维自然的时候，头脑里常常闪现出的却是二维的风景画面，无论东西方都是如此。西方人看的是风景画，风景画成了他们观照自然的“前提”；中国人观看的则是山水画，山水画成了他们醉心自然的“前提”。没有这个前提，就不会有“如画般”的美感。

实际上，风景与风景画的差异就在于：风景画要求保持“审美距离”，人与被再现的自然之间总是隔着一层画布，而真正置身于风景时则不然，自然本身的色、香、味可谓俱足，身在其中，全方位的真实感受同站在美术馆里的感受能相同吗？当然不同了，因为画毕竟是画，自然仍是自然本身，自然可以如画般地来欣赏，但是绘画一般难以当作自然来看待。

最后一种范式，就是所谓的“环境范式”（the environmental paradigm）。这个范式究竟何意呢？尽管有各种各样的理解，但是我的理解就是：总有那样一种自然美，你欣赏到它，既不是因为自然的外形，也不是因为风景如画一般，而是自然美就美在自身，根本说不出理由——它就是美在那里！

我的另一位朋友，美国当代美学家诺埃尔·卡罗尔（Noël Carroll）解释说，这个所谓环境范式的“关键就在于把自然当成自然（regards nature as nature）。它把自然的延展及其组成部分同更广阔环境语境之间的有机关联当成根本性的”[1]，从而克服了上述那两种范式所具有的局限性。

这就意味着，第三种自然美，乃是以自然本身的力量，就足以打动你的美。在我的生活当中只有两次有过面对自然的“高峰体验”。一次是站立于朝霞万丈的黄山始信峰，当时我沉浸在美景当中就好像失去了知觉，那时才开始相信人间真有如此美景。另一次则是在张家界，一个人孤独地行至人迹罕至的山巅，内心潜伏着恐惧，突然一朵祥云慢慢地、慢慢地从我身边飘过，当时我感觉自己已经“化”入了风景之中：我与自然亲密无间了。

这两个例子后面我还会详细描述，再举一个2021年获得奥斯卡最佳影片的电影的例子，这个电影名为《无依之地》，其中一位宿营者讲述了自己彻底融入自然的“最美”经历：

> 我觉得我一辈子过得挺不错了，
> 我在到处划皮艇的时候见过很多美好的事物。

---

1 Noël Carroll, *Beyond Aesthetics:Philosophical Essays*, Cambridge University Press 2001, p.372.

在爱达荷的河边我见过一家子的麋鹿，
在科罗拉多的湖上一只大大的白色鹈鹕落在我的皮艇前方，
在划过一个弯角后那里有一块悬崖，
我看到上百只燕子停在悬崖上，
还有燕子在空中飞舞，
而且有了河水的倒映，
看起来就像是我也飞起来了！
而燕子就在我的四周飞舞，
还有雏燕刚刚孵出壳，
小小的蛋壳从悬崖落到水面，
在水面上漂浮着那些白白的蛋壳，
那简直太美妙了！
我觉得我经历得够多了，
我的人生已经完整了，
如果我在那一刻死去的话，
对我来说完全没有问题。

比较这三种范式：第一种范式名曰“对象范式”，只将自然当成艺术。第二种范式名曰“风景范式”，虽然把风景当作图画，但毕竟还是看作风景画，同样也阻碍了对真实风景的“全面注意”。第三种范式名曰“环境范式”，与前两种不同，它关注到了“自然力”（natural forces）本身的交互作用，比如风化现象作用于岩石给人的美感，就呈现出“风”与“石”之间自然力的有机互动。

这三种范式内的“自然”，我认为可以简单地概括为：

（1）作为“艺术属性”的自然。
（2）作为“风景画”的自然。

（3）作为“自然”的自然。

西方人往往追求一种“本真”的自然鉴赏模式，所以他们追求第三种范式，而对前两种范式耿耿于怀，不能满意。其实不同层次的范式，具有不同品类的价值，但是西方人不这么看，这就失去了一种平等对话的态度。

首先，按照西方自然美学家的意见，真正意义上的“自然鉴赏”是极力反对第一种范式的，因为它反对对自然的那种“艺术化”的理解，“自然鉴赏”也同传统意义上的“艺术鉴赏”拉开了距离。“对象范式”的基本取向，则是将自然“视为”艺术，这里的“视为”实际上就是一种替换或摄取，或者说自然为艺术所“榨干”。

在第一种自然审美范式中，人的“主体性”最强，不仅可以将自然属性直接看作艺术形式，而且，还能在自然中看到非形式的情感、本能、表现等等。如此这般所见的自然，是被主体性的“移情”所浸渍的自然，看到的是“非自然”，就本质而言，人们在其中要观照的自然并不在场，而只能观照到主体性自身。

这样说，其实也有点过分，但是在把自然当成艺术对象的时候，人作为主体，对自然本身的那种择取与限定是非常严重的。这就是我们说在这种自然欣赏范式当中“主体性”过强的原因所在，人在自然当中所见的其实不是艺术，而是人自身属性的某种外化。

其次，在西方自然美学家的眼中，真正意义上的“自然鉴赏”也同第二种范式迥异。如果说，传统艺术所吸纳的自然，往往是被画、被雕、被摄的自然的话，那么，“自然美学”意义上的“自然鉴赏”就是要求回到真正的自然本身。

然而，“风景或景色模式”里，作为自然摹本的风景画，却成了柏拉图意义上的“模仿的模仿”或“影子的影子”，这是什么意思呢？古希腊哲学家柏拉图认为，一幅画中床的绘画是假的，因为它是在“模

比较一下，面对凡·高的一幅描绘自然的绘画与真实的田园景致，我们的鉴赏是如何不同。绘画无疑是一道视觉的“盛宴”，人身处其中，无法获得从真正大自然那里才能获得的那种包含着温度、湿度的“全方位”的美感。

仿”木匠做的床，而这真实存在的床也是假的，因为它是对人头脑中床的理念的“模仿”。所以，木匠做的床，是对床之为床的理念的一度模仿，而画家去画木匠做的床，则是对床的理念的“模仿的模仿”，与真理隔了三层。

如此说来，风景画也是如此，它也是对自然的模仿，而自然本身又被基督徒视为上帝所创，那么，风景画也就成了“影子的影子”。这样说的意思是，当你面对一幅风景画或山水画，它永远不是自然本身，而是置于你眼前将自然隔离开来的一道屏障，上面投射了自然的影子而已。

这里的关键就在于，无论是对象范式还是风景范式，它们的真正缺陷，在于其“限制性过强从而无法容纳自然的所有方面，而这些方面都可能成为审美关注的真正对象”[1]。由此可见，第二种范式的主体性也相当强，看似人在风景画中并不存在，或者只是风景画的“背景”，但究其实质，人的框定力量在其中却是占支配性地位的，因为风景乃是“人化”的产物，无人就无景也。

再次，按照西方自然美学家执着的观念，只有第三种自然审美范式才是真正属于纯粹的“自然美学”的。因为，只有这种鉴赏范式，才是真正地“让自然成为自然”的。然而，这种让自然成为自然，在多大程度上是可能的呢？除非人退出自然界，然而人已在自然当中，哪怕人类的活动没有直接影响到所面对的自然，自然被人所“欣赏”也是一种人化的方式。

在最后一种“环境范式”当中，我们看到：自然既不是装饰，也不是风景；既不是艺术属性的对象化，也不是风景画的聚焦点，自然就是自然本身。如果说，前两种范式都折射出“我”在那里，那么，自然鉴

---

1 Noël Carroll, *Beyond Aesthetics:Philosophical Essays*, Cambridge University Press 2001, p.372.

赏则是要——让自然"在"那里！

这种自然美学的思路，居然同中国道家的"道法自然"的思想内在相通！西方人倒是也很容易理解"道法自然"，英文翻译"道法自然"为"The way models (fa) itself to that which is so on its own"，也就是指一种按照自为的方式对自身的塑造。可是中国人往往不了解这个"自然"并不是大自然的那个"自然"，而是"自然而然"的意思。

这第三种自然审美范式关注的其实是"自然力的整体"，而不是由视觉上的凸现而摄取的自然片段。如果说，"景色范式提出自然是个静态的序列"，那么"自然环境的方法则承认自然的动态性"[1]。这就是一种根本上的动静之分：风景或景色范式下所见的自然，仍是"静的自然"，因为无论风景画还是山水画一般而言都是静态的存在，而环境范式则以"动的自然"为对象，而且洞察到了自然对象的"动"！

这就涉及自然是"动"的，对自然的审美，也同样是"动"的问题。这个"动"，可真不简单，直接就把自然之美与自然审美的动态特质彰显了出来。

1 Noël Carroll, *Beyond Aesthetics:Philosophical Essays*, Cambridge University Press 2001, p.372.

# 从自然皆动到动中审美

如今，我们形成了两种自然审美的观念，一个就是“自然皆动”，另一个则是“动中审美”。

什么是“自然皆动”？就是自然万物都是运动的。上到无穷宇宙，下到脚下土地，哪一处不是动的呢？人作为宇宙的一粒尘埃也是动的，植物与动物都是从生到死，有的还在生生不息，有的早已成为化石，但这些有机物无疑都是有生命之“动”的，或者曾经有过“动”之生命。

世间许许多多自然物的存在，如大海的涨落、云朵的飘浮，都是运动着的，这通过观感就可以直接观察到。与此同时，“静态”的自然物的形状，也多半是物理作用之后留下的痕迹，如由火山喷发而形成的山峰，长年累月又受到自然力的侵蚀，所以任何一座山都是动态的过程及其结果的产物。

一般的观感则是，水是动的，山是静的。孔子也说过：仁者乐山，智者乐水。似乎智者与仁者具有动静不同的性格。然而，这个误解必须破除，水无论是流淌在平地、奔涌在峡谷还是坠落成瀑布，乃至化为水蒸气上天入海，都是时时皆动的，这是从短时间内就能见到的事实。如果我们把时间尺度拉开一万年，看一座山峰，那就好似看快进的电影胶片，山本身也无时无刻不是在变化着的。

如此说来，正是自然力的运动、扩张、收缩和成长，才塑造出自然物的形状。具有“生理—心理力”的人的眼睛和大脑，在那些不动的式样里面所“看到”的“运动”或者“具有倾向性的张力”，正是生理力的活动和表现造成的。这是一个心理学派的洞见，这个心理学派就叫作“格式塔心理学派”。

按照这种心理学派的原则，我们在不动当中可以看出“动”:“我们在不动的式样中感受到的‘运动’，就是大脑在对知觉刺激进行组织时激起的生理活动的心理对应物。这种运动性质就是视觉经验的性质，或者说，它与视觉经验密不可分，正如视觉对象的那些静态性质——形状、大小、色彩，与视觉经验密不可分一样。”[1]

这里的关键就在于，如何把现实里面的物理力，通过人们的眼睛，转化为观者的“视觉力”。这样，万物即使本身“不动”，但是在欣赏者的眼睛当中“动”了起来。这就是“自然皆动”，不管是自然本身还是在观者的眼中，都是如此，而且这种“动”更是一种“自然而然”的动，而少有人力参与其中。

既然自然本身就是动的，那么，由此所见，自然之美的一个根本特点就是，它每时每刻都是变动不居的，可以说是以“动”为本的。

举个最简单的例子，一幅画，无论是西方风景油画还是东方的水墨山水，与其所对应的那片自然风景之间的差异何在呢？差异大概就在于，画是不动的，而自然风景是动的。但这样说也不对，因为绘画本身也是在变化的，一个著名的例子就是伦勃朗的传世名画《夜巡》，乃是因为油画颜料本身变黑之后才被误认为“夜巡”，其实画作描绘的时间根本不在夜晚。

问题是，一幅风景画或山水画，如何在一个画面当中，表现出同一片景色的春夏秋冬呢？有人说了，我们可以采取四联画的形式，画出同一片自然的不同季节。那么好，哪怕四季都可以描绘，那么，自然本身的朝暮阴晴究竟该如何来全面呈现呢？显然，这对于绘画来说，是不可能完成的任务。因为自然本身千变万化，绘画只能“保存”它的一瞬，让瞬间成为永恒，然而，自然本身就是永恒的，也就是永恒

1 Rudolf Arnheim, *Art and Visual Perception*, University of California Press, 1964, p.339.

冬与夏、夜与昼、晨与暮，在不同的时节和时段中，大自然已经向我们展露出其本身的审美厚度。

变化的。

所以说，春天有春之美，秋天有秋之美，“春有百花秋有月”；夏天有夏之美，冬天有冬之美，“夏有凉风冬有雪”；早晨有朝之美，黄昏有暮之美，“四山如画不胜奇，朝暮烟云都是诗”；白天有昼之美，夜晚有夜之美，“晨鸡才发声，夕雀俄敛翼。昼夜往复来，疾如出入息”。但无论面对何种自然风景，还是宋朝无门慧开禅师那句说得妙——“若无闲事挂心头，便是人间好时节”！

说完了“自然皆动”，那么，面对这样的自然，什么又是“动中审美”呢？

自然是动的，那么，欣赏自然的人呢？其实，这个世界上根本就没有那种纯粹静态的“静观”，哪怕面对风景画或山水画，人也是动态地参与其中的，因为人本身就是一个动态化的存在。西方美学总是把欣赏音乐的耳朵与欣赏绘画的眼睛作为最重要的两个审美感官，其实人类的审美感官多着呢！而且这些无时不动的感官之间也是相互关联的，人们投入自然美当中，是一种全方位的参与。

这种全方位的参与，其实就是一种全身心的介入。只要身体置入自然之中，那么，审美者就是一位动态的参与者，不仅仅以耳目来审美，而且全面地参与自然之中。

美国伟大的作家梭罗，写过《瓦尔登湖》并在那里独居数载，他曾经盛赞过一种“漫步的艺术”。根据他的自述：他希望为伟大的自然说个话，因为自然较之世俗化的自由与文化，多了一种纯粹的自由和狂野之美！所以，我们应把人类视为自然的一部分抑或自然原住民。

漫步是一门何其高雅的行为艺术——这是梭罗对自然漫步的极度赞美。那就看看梭罗究竟如何漫步乡间的吧：

> 漫步是一门高雅的艺术。在实践中，我们总会感到孤独。虽然这是大家公认的，我的大部分同乡像我一样有时也喜欢散步，但

是说实话，他们并没有做到。漫步必备的因素是悠闲、自由和独立，这些是任何财富都无法买到的，它只源自上帝的眷顾。要成为一个漫步者，需要上帝直接赐予天赋，你必须降生在漫步者的家族。的确，我的一些同乡记得，并向我描绘他们十年前漫步的情形：他们无忧无虑地沉醉在其中，以至于迷失在森林中长达半小时。可我很清楚，不论他们为此寻找怎样动听的借口，都只不过是始终都在公路上行走。毫无疑问，不管他们以前是林务人员还是罪犯，都会通过对以前某种情形的回忆，获得瞬间的欢乐。

一个美好的清晨
他走进翠绿的丛林
鸟儿婉转动听的啼鸣
回荡在耳畔！

我想，除非我每天至少能有四小时（通常是四个多小时）在林间穿行，在小山上或是田间漫步，完全摆脱世间的一切琐事，否则，我将不能保证身心健康。你可以放心地说，你的想法一文不值，或无比珍贵。有时，我会不由自主地想，工人和店主们不仅整个上午待在店里，连整个下午也一样。他们多数人跷着二郎腿坐着，好像腿生来就是坐的，而不是站立或行走的。我觉得他们没有早早地自杀应该受到称赞。

我不能整天足不出户，我需要泥土的滋养。有时，我漫步会流连忘返，有时我不知不觉地漫步到晚上十一点钟，还以为是下午四点，一天就这么悄然流逝了。当夜的黑暗开始侵蚀白昼的光明时，我似乎是想弥补一些逝去的光阴，会感到些许内疚。……

首先，岁月的确能很好地陶冶人的情操。随着一个人年岁的渐长，其静坐于室内工作的能力也渐增。当他的生命接近薄暮时，他的习惯迎来生命的黄昏，最终他也会走出门外，在日落之前，用半小时的时间匆匆完成身体必需的散步。

但我所说的漫步与做运动毫不相关，因为，它不像病也不像举哑铃或摇摇椅，它本身就是一天的安排和冒险。如果你想锻炼，去寻找生命的甘泉吧！试想，一个为保持健康举哑铃的人，竟没去追求远方草原上潺潺的泉水。[1]

按照梭罗的意见，实际上，他所说的“漫步”与“运动”属于不同的两个范畴，千万不可混淆起来。这是因为，“漫步是一种自由的冒险，它不像吃药一样每天要按时按量，更不像锻炼者那样，要在固定的时间内完成一定的运动量。当你选择漫步时，也就意味着你的生活进入了一种冒险。如果你喜欢做运动的方式，那么你不妨去寻找一下生命之泉！但是我觉得太不可思议了！有人竟然认为健康就是汗流浃背的剧烈运动,而不是远处草原上的潺潺流水和娇艳小花！”[2]这个说法太有讽刺意义了，如今的都市白领更喜欢在空气流通不畅的健身房里撸铁、跑步，而根本不留恋自然的美景。

我们观赏风景的时候，中国有句老话，叫作“山景步步移”。正如面对黄山上的一枚奇石时，这山石从这个角度看像猴子，从那个角度看就像蟠桃或者达摩，在“步步移”当中，山景才“步步显”。

所谓“驻足方观景，观景必驻足”，其实是出于安全的考虑才这样说的，山景必定是在“不驻”当中得以呈现的。就像当年老电影的拍摄，从行驶的船头拍摄岸边的景致的移动一样，游山也是如此，只不过在向高处攀爬的时候，还有一个在纵向上逐渐融入大山的过程。

上面提到对山水的仁智态度，其实，无论“智者乐水”还是“仁

---

1 亨利·大卫·梭罗:《心灵漫步》，林志豪译，海口：海南出版社 2007 年版，第 6—7 页。

2 亨利·大卫·梭罗:《漫步》，译文来自 https://www.douban.com/note/528926711/.

者乐山”，无论“智者动”还是“仁者静”，他们都是在“动观”自然，所面对的自然本身也是“动态”的。这两个“动”按照趋同的节奏而最终“合拍”之时，自然审美也就油然而生了。

实际上，自然之美是丰富多彩的，而且，对自然之美的欣赏也是有层次的。这就是说，既有高级的自然审美，又有低级的自然审美，从而形成了不同的欣赏层次。

低级的层次，例如当我们漫步在海滨，随手捡起一块美丽的石子，发现石子本身的纹理和色彩居然是如此漂亮，这就是自然本身的“形式之美”。同样，当我们仰视山峦的轮廓，静听松涛的声息，直视日出的色彩，欣赏抽芽的新绿，我们往往会“感”于形式本身的美。

然而，有趣的是，这种自然美是介于“似与不似之间”的。“似与不似之间”本来是老画家齐白石论画的经典名句，用来描述自然形式的美则更为贴切。这是由于，是自然的，就不是人工的。自然本身是可变的、变形的、多变的。

黄山上有个著名的奇石，叫作“猴子观海”。它状如一猴蹲坐，静观云海起伏，“灵猴观海不知年，万顷红云镶碧天。坐看人间兴废事，几经沧海变桑田”。在云气散去之后，石猴又好似在远眺太平县境（即今黄山市所辖黄山区），所以这块奇石也叫“猴子望太平”，有诗赞曰：

小劫沉沦五百春，
全真应是最多情。
功成缘满归东土，
趺坐灵山望太平。

那是黄山的奇石当中最具灵气的一块，因为它是靠造山运动而被“搬”到山顶的，在奇石与山巅之间居然可以用铁丝滑过。但自然本身的神奇不止于此，从这个角度看，奇石的确像猴子，但是攀山下来从另

黄山的“猴子观海”从另一个角度看就成了“蟠桃石”。

一个角度看，该石却状如蟠桃，所以它又被叫作蟠桃石。1987年版本的电视剧《红楼梦》的片头所拍的女娲补天之奇石，就是从这个视角所见的蟠桃石。

类似的还有台湾阿里山远近闻名的“石猴”，其形状酷似一只猕猴，也蹲坐在那里凝视远方。但从另一个角度来看，它又好似达摩盘坐，所以又被称为“达摩岩”。可惜的是，在1999年的大地震中石猴的头部被震落，如今已不复当年的胜景。可见，万物真是沧海桑田，自然本身就是“变”和“易”的。

自然形式本身的这种“变”，使得自然物被大自然塑造出来的时候，就是未定型的存在。我们在欣赏自然物之时，有一句话叫作“三分像，七分想”。什么是“三分像”，什么是“七分想”呢？就是30%是“原物”像“某物”，70%依靠的是欣赏者自身的想象力，将“原物”想象为“某物”，二者合一才能更好地审美。

对漓江上的“九马画山”的欣赏，证明了中国人的自然审美的特质。

试想，如果这块石猴“太像”了，已经完全如从工匠或者艺术家手里“打造”出来一般，那么，这块石头恐怕就过于雕琢、过于雕凿，而失去了自然本身之“趣”。大自然那种“伟力”的造化之功难以在其中得以显露。

反过来说，如果这块石猴“太不像”抑或“不太像”，那么，对它产生想象就会发生困难。常常出现这样的情况，有人发现自然物像这又像那的时候，别人却难以琢磨出来该自然物到底像什么。

桂林山水的七绝之一“九马画山”，就是临江有一面巨大平直的峭壁，山石和植被斑驳有致，浓淡相宜，宛若巨幅天然壁画，所以叫“画山”。如果游人用心揣摩和赏析，就会发现其中有“九马”，山顶的马好似嘶风长啸，山脚的马好似低头饮水，还有的或似昂首嘶鸣，或似静静伫立，或似扬蹄飞奔。有诗赞曰：“轻霭浮空峰影乱，画廊九马跃嘶鸣。竹舟桨落青山顶，淡淡清波处处迎。”

当地的民间歌谣这样唱道:“看马郎，看马郎，问你神马几多双?看出七匹中榜眼，能见九匹状元郎。”

所以说，对于自然形式美的欣赏本身，需要加入更多人的想象。正是由于人们丰富的想象力，自然物本身才能“动”起来。中国美学所谓“笔补造化天无功”，就是强调人工技艺的高妙近乎“天成”，反过来说，自然的“偶然性”却是人工难以模仿的，因为每一个自然物都是自然“偶然成之”的。

# 到底成为风景还是环境？

前面提到了自然鉴赏的三种范式，那么，还有个问题没有解决：自然美，到底是风景还是环境呢？

“风景如画”——日常生活当中这样的赞语非常常见。那么，自然就是风景吗？或者说，可以把自然看作风景画吗？可以确定的是，把自然看作风景，较之那种对于自然形式美的欣赏来说，无疑更高了一级。还是游漓江，有诗曾云：

奇石嵯峨古渡头，
訾洲红叶桂林秋。
洞中穿过高楼望，
人在荆关画中游。

“人在荆关画中游”，真是一个朴实的句子，意思说，我们好像是在五代画家荆浩、关仝师徒所画的山水当中畅游。所谓“山水树石硬，荆关艺能至”（梅尧臣《观邵不疑学士所藏名书古画》），桂林的山与石、漓江的水和树，宛然一幅山水佳作！

我曾经参加过几次“漓江画派”的画展研讨会，包括2016年在中国美术馆举办的“美丽南方·广西——中国美术作品展”研讨会，很多当代人认为“画漓江”已经成为中国现代水墨画派的一个大的传统。非常有趣的是，为何古人对漓江却不那么如痴如醉呢？或者说，为何漓江美景早就在那里了，但古人没有形成“漓江画派”呢？

这就关系到山水与山水画之间的关联。我认为，20世纪对漓江山水、桂林山水的发现，使得中国画不仅被改良，甚至具有一种革命的性质。这革命性质起于早年齐白石赴漓江，他用传统的笔法去画桂林；到了李可染这一代，用逆光来画桂林山水；到了白雪石这一代，用青翠的山水来画桂林，使得漓江山水画得以彻底改变。用徐悲鸿说过的一句话来形容很准确："新中国画至少……山水须辨地域，建立新中国画既非改良，亦非中西合璧。"

这种画风，我称之为"黑可染、白雪石"。因为李可染用重墨描绘漓江，采取了一种背光山水的画法，整个画面都是以黑为主，但是江面却显得非常明亮，特别是雨后漓江被表现得异常真实。与之相对，白雪石笔下的漓江则是正面的漓江，是在阳光照耀下的面貌。这一黑一白，从光影的角度，把整个漓江画派撑了起来。再往下诸如阳太阳、宗其香等画家，他们画的桂林山水都有自家面貌，可以说是一种独特的中国自然山川的呈现，这其实极大地改变了 20 世纪中国山水画的面貌。

中国古人在面对漓江山水时，却没有将其大量"入画"，为什么呢？因为，漓江的山体乃是典型的喀斯特地貌（Karst Landform），这是地下水与地表水对可溶性岩石形成溶蚀与沉淀的结果，这样形成的山体上的岩溶地貌就过于细碎与繁复了。明代大画家石涛，就出生在漓江之畔，也曾画过漓江，但是却面向天下"搜尽奇峰打草稿"而不囿于漓江一隅。然而到了齐白石那里，漓江进入大画家的视野当中，齐白石一反当时流行的复古、细密、工整的山水画风格，以一种简笔山水来呈现漓江，从而将漓江从"繁复之美"转变为"简约之美"。

反过来说，漓江山水也对齐白石的山水画创作产生了深刻影响。1905 年 7 月，齐白石被邀请游览桂林，他在桂林居住半年潜心创作，《独秀峰》就是其中一幅大作，后来他两赴桂林。白石老人自述："进了广西境内，果然奇峰峻岭，目不暇接。画山水，到了广西，才算开了眼界！"后来又回忆说："我在壮年游览过许多名胜，桂林一带山水形势陡峭，我最喜欢，别处山水总觉不新奇。我平生喜画桂林一带风景，奇峰高耸，平滩捕鱼，或画些山居图等，也都是在漓江边所见到的。”

可惜齐白石的创作新风，却不被当时的画坛所认可，很多画家都认为他的山水画不入流，甚至讽刺其为“野狐禅”。对此，齐白石写了一首诗：

> 逢人耻听说荆关，
> 宗派夸能却汗颜。
> 自有心胸甲天下，
> 老夫看惯桂林山。

无论是走“人在荆关画中游”的旧途，还是“逢人耻听说荆关”的新路，从石涛到齐白石，从李可染到白雪石，漓江山水作为山水画的重要题材，因其更具现代性的美感，一下子就被天下人所接受了。由此，也影响了我们今人看待漓江美的方式：面对漓江，我们总是赞曰如画一般，这其实是漓江山水画的观念先影响了我们。

实际上，漓江山水与漓江山水画，乃是相互成就的关系：一方面，大画家点化了漓江山水，另一方面，漓江山水激发了艺术家。由此而来，我们既接受了漓江山水的美感，也接受了漓江山水画的美感，后者的美感又影响了前者的美感，这就是我们通常所说的“山水如画”的观念。

不仅在中国古典与现代文化那里，在欧洲文化那里，人们也喜欢将自然风景看作“一幅画”。这就形成了西方美学当中的一个重要的范畴，那就是“如画”。有汉学家说这个概念是从中国传到了欧洲，西方才有了类似观念。于是，与拉丁词 pictor 有渊源关系的 pittoresco（意大利文）、picturesque（英文）、pittoresque（法文）也都指“如画的”这个审美概念，它们来自同一个词源，也许都是源于中国人的审美观念。

在欧洲的古典美学那里，特别是在 18 世纪，“如画”“美”“崇高”

画家们按照自己的审美观去“摄取”自然，从而造就了风景画。

并列为重要的三个美学范畴。先有劳德·卡姆斯将“美”“崇高”和“宏伟”并列起来，“宏伟”是由“崇高”脱胎而出的，后有威廉·吉尔平（William Gilpin）将“美”“崇高”和“如画”并列起来，“如画”由“美”脱胎而出。

自然可以是“美”的，也可以是“崇高”的，但更可能是“如画”的。但是，这三个范畴，或者说审美形态，又是彼此纠结在一起的。“如画”最初一定是从“美”的角度出现的，特别是“优美”在其中占据了非常重要的地位。似乎可以这样说，具有“优美感”的自然风景更容易被视为“如画”的，最初人们也只是将这类自然视为如画的风景。

随着历史的发展，具有崇高感的自然风景，如狂风、暴雨、迅雷、大海、高山、万里长空、无垠沙漠等等，后来也越来越多地被纳入“如画”的风景序列。当然，这类风景给人的感受是这样的，“吾人对之常常觉小己之渺小，而受压迫，几若不堪存在者”[1]。

最终，“风景如画”还是从“美”和“崇高”当中独立了出来。那么究竟什么是“风景如画”？答案似乎很简单，就是自然像风景画一般。但千万不要忘了，自然画最初就来自对自然的某种模仿或者仿造，自然怎么就反过来“像”风景画了呢？

如果我们按照“艺术形式化”的要求观照自然，也就是把“自然的延展”视为一件艺术品，那么就会更多地观照到自然的形式美。将自然视为“风景”则更进了一层，它将自然直接当作“风景画”来加以观照。

然而，还有一种更高的自然审美，那就是“将自然作为自然”的审美，这就是前面所讲到的“环境范式”。你是否曾有过这样的感受：

> 我们发现自己站在轰鸣的瀑布之下被其宏伟所激动，或者赤足站在寂静的树荫里，腐烂的落叶一层一层就像松软的地毯，一种静卧和归家的感染力油然而生。[2]

试想一下，此时此刻，如果你站在长白山的原始森林里面，踩着“像松软的地毯”一般的落叶，闻着千年古木的芳香，凝视深邃的林间，那是一种什么样的“人与天合”的感受？！

---

1　宗白华：《宗白华全集》第1卷，合肥：安徽教育出版社1994年版，第544—545页。

2　Allen Carlson, *Appreciating Art and Appreciating Nature*, in Salim Kemal and Ivan Gaskell eds., Landscape, Natural Beauty and the Arts, Cambridge: Cambridge University Press, 1993, pp. 199-227.

站在瀑布边的原始森林里，你将获得“全方位”的自然审美感受。

面对大自然，前面我提到过，我曾经有过两次这样的“忘我”“忘神”的真实体验，一次是在张家界的天子山，另一次是在黄山的始信峰。对这两次终生难忘的审美高峰体验，我还要再次描述出来，尽管我的语言的力量终赶不上自然的魅力。

在张家界的一个山间布满阴霾的黄昏，我走了好长时间的路，耳边响起一种在空谷当中回响的山鸟鸣叫。所谓“猿声鸟啼，依约在耳，山光水色，滉漾夺目”。当我独自一人来到天子山的悬崖旁，感到豁然开朗，整个天子山的胜景呈现在我的眼前。

当我择一块巨石坐下，内心还有那么一点恐惧，整个氛围都是如此静谧。此时，我看到从远方飘来几片极白极白的浮云，慢慢地、悠悠地滑过了天子山巅，当时我就感觉自己“化”到了整个风景当中，一时都没有回过神来，直到返回的时候内心还“装着”这片“胸中的丘壑”。这也许就是古人所说的“烟云供养”吧！

另一次我“入神”的时间更为持久，那就是在黄山始信峰。那是一个凌晨，我去看日出，正好攀爬到了始信峰顶，此时周遭都已经成为一片烟云缭绕的世界，只有几座奇峰犹如孤岛一般突兀出来。

大家都称这里形成了“云海”，的确，那浮云的流动就好似潮汐的翻涌，而且当云气漫过山峰之间的峡口的时候，犹如瀑布一般地倾泻而下，但是那种倾泻的速度是非常缓慢的，似乎不在地球引力的控制之中。

更奇异的变化，就出现在日出的时候，刚才是以“阴”为基调的景致，但随着太阳的喷薄而出，转向了“阳”的旋律。在太阳普照整个云海和山巅的一霎那，光芒万丈、霞光四射，我一下子就惊呆了，起码有几分钟之久。“天水之象，气势相生”。我从没有看到过如此壮丽、如此奇异、如此变幻的奇景，日、云、山居然折射出那么丰富的色彩和无端的变化！

在始信峰，我才“始信”此乃人间的奇景！

也许，最美的自然景色，本来就是无理由的。这样的自然美，就是作为自然美本身而使人陶醉的，它不是简单而低级的“形美”，也不是更高一级的“如画”，而就是“作为自然的自然”之美。这也许就是中国古人所说的“造化为灵”。

所以，无论是在张家界短暂的“化入风景”，还是在黄山长时间的“物我两忘”，我想，我都看到了“超以象外”的自然之美景了。面对它们，我只能“畅神”，因为我所观照到的、所全身心投入的是一种“象外之象”的妙境！

尽管如今地球上的自然越来越被人化，但是，当代艺术仍然向更广阔的领域挺进——艺术与环境正在实现越来越紧密的联合：

> 艺术以一种方式已经得以拓展到了更广阔的环境：自然环境（the natural environments）、都市环境（the urban environments）和文化环境（the cultural environment）。艺术与环境的相互关联，事实上是相互融合，逐渐被宣布出来。这更多是一种对艺术疆域的扩展；这已经构成了对艺术内核的挑战。艺术与环境的彼此协作的互动，质疑了传统的美学理论，这聚焦在由现代艺术提出而转变的许多理论问题上。事实上，可以说，在美学理论当中，正如在艺术自身那里一样，没有信仰或者解释是不可以触及的。[1]

这意味着，美学要突破传统的“以艺术为中心”的研究范式，一方面走向自然环境，另一方面走向都市环境，前者就是“自然美学”，后者则是“都市美学”。

于是，“自然之美”与“艺术之美”，似乎是站到了两个极点之上，

---

1 阿诺德·伯林特主编：《环境与艺术：环境美学的多维视角》，刘悦笛等译，重庆：重庆出版社2007年版，第2—3页。

但事实并非如此。最纯粹的自然之美试图摒弃人工的成分，这是毫无疑问的，但是，最纯然的艺术之美往往展露出自然的“天机”。然而自然之美始终不是“景观”，因为景观一定有更多的“人为”要素参与其中，是对自然本身进行的积极改造。

两者真正的区分在于，艺术就是“框架”，自然则是“非框架”“无框架”或者“去框架”。这究竟是什么意思呢？这关系到如何区分直面艺术与面对艺术的审美。

按照西方的艺术观念，一幅绘画，在艺术家的笔下要将自身标识出来，需要的是“画架”，在欣赏者看来，这幅绘画要将自身从墙壁上隔离开来，需要的是“画框”。同样，一件雕塑要将自身从背景中隔离出来，需要的是“基座”。那么，画架、画框、基座的作用是什么呢？就是将绘画与雕塑的审美内容，从那些并无关联的东西当中区分开来。一幅画，挂在美术馆，关键在于，通过画框在周围的壁纸上“割出”一方空间，然后将观者理应看到的对象置于其中。

所以，根据传统的共识，框架之内的就是艺术，框架之外的则是非艺术。即使是同样处于框架之内的东西，比如油画颜料的新鲜气味，比如画布的背面，往往也被忽视，因为观画而非闻味，看画的正面而非背面，早已形成了基本的共识。

在聆听一场音乐会的时候，“框架”同样在起作用。这种框架并不仅仅意味着，到音乐会的封闭空间当中去，或者露天音乐会所占据的虚拟舞台空间，而更在于，在人们欣赏由乐队演奏（而非倾听在录音棚里面录制）的音乐之时，必须自觉摒除的是厅外的嘈杂声、观众的咳嗽声、椅子的活动声、空调的嗞嗞声。

刚好相反，自然是没有框架的，因为没有一个东西大到可以成为自然的“背景”，自然本身就是它自己的“背景”，同时也可以说，自然本身也就是它的“前景”。或者换句话说，自然无所谓背景与前景之分，因为它本身就是没有框架的、没有界限的，而且也是拒绝框架的、去除

艺术品都是有框的，但是自然本身没有任何框架。

框架的。

所以，无论是通过照相机的镜头去“摄取”自然，还是画家通过笔触去“简化”自然，都是在给自然“加框”，只不过画家较之摄影师有更多的创作空间。其实，类似风景画的造型艺术都是对自然的简化，因为没有一幅作品犹如自然物本身那么“天地造化”般复杂。

西方学者从自然的无框性，试图推导出环境也是具有“无框架的特征”的：

> 环境并非一个某人为了满足我们的审美愉悦而准备的打了整洁包装的独立包裹，也没有附和传统共识去为我们的审美体验挑选相关的素材。一方面，环境的这种无框架的特征可能是审美上的弊端，因为连贯性、整体性及和谐性这些一般认为是审美价值的特点是以一个有着清晰边界的明确设计为前提的。另一方面，这种相对缺乏明确范围的设计可能是一个宝贵的优点，因为我们的想象力和创造力才会介入，为我们提供审美体验。[1]

但实际上，这段话只说对了一半。如果说，艺术是形成“框架”，自然是免除“框架”的，那么，除去自然的“都市环境”与“文化环境”，恐怕都是介于“有框”与“无框”之间，有时是倾向于无框的，而有时则是倾向于有框的。

都市环境之美，大到可以将整个城市及其周遭环境纳入其中，比如从远郊驱车进入纽约或者北京，你会看到非常明显的“城市森林”的壮阔景观；从北京国贸三期顶层或者上海东方明珠电视塔俯瞰都市，你会看到非常明显的“城市地图”的波澜景致。

---

1　阿诺德·伯林特主编：《环境与艺术：环境美学的多维视角》，刘悦笛等译，重庆：重庆出版社 2007 年版，第 204 页。

城市的外貌，早已被那些具有标识性的建筑群落所“标识”，这就是所谓的“地标性”的城市建筑及其背景。比如北京的中央电视台大楼这样的抢眼建筑，再如从上海外滩遥望到的参差林立的浦东建筑。

无论是遥看都市的“丛林线”，还是俯瞰城市的“平板图”，这种都市环境的感受往往是无框架的，因为，“丛林线”已经将从地平线到天际的背景纳入其中，“平板图”也已将山峦天空纳入其中。但是，在置身其间去感受都市的时候，天空往往被割得四分五裂，你往往需要聚焦的核心，从而形成了某种“观看的框架”。

目前，所谓“城市美术馆”的观念，正在兴起，这也是“生活美学”在城市的落实，因为这种美学要求艺术回归生活。按照这种观念，美术馆无须再去自我封闭，而要将这种场馆的空间彻底打开，让艺术可以出现在都市的各个角落。美国的地铁艺术主要是涂鸦，但是日本、韩国等地，早已在地铁的通道当中搭建了“地铁美术馆”，这就是城市美术馆在人们日常生活当中的延伸。

所谓“城市美术馆”，就是倡导一种“不落幕的美术馆”的崭新观念，公共艺术可以直接建立在广场的入口处，可以直接建立在地铁的出口处，这就是对公共空间生活的直接参与、融入与介入。

实际上，都市环境与文化环境的审美，不仅仅在于我们的视听感受，比如北京世贸天阶的超大银幕的图像流动与背景音乐令人震撼，而且，还在于都市与文化的景深、环境本身的光线（从自然光到霓虹光）与色彩、声音与气味。

有位中国艺术家说过，“每座城市都有每座城市的味道”，这说得非常有道理。对于一座城市的感受，我们都是“亲身”体验的，身体的全方位参与变得非常重要，小到味觉感受，大到全身感受。比如当你在都市街道上穿行（步行抑或驾车），你就会融入对都市环境与文化环境的感受中。

最后再归纳一下，以审美者的个体为圆心，“属人”的环境类型，

作为国际大都市的纽约形成的“天际线”绵延千里。

主要有五种，人们或者单维或者多重地身处这五种环境之中：

（1）身体环境。

（2）艺术环境。

（3）文化环境。

（4）城市环境。

（5）自然环境。

# 原天地之美的自然美学

当代学界对自然美的关注也许只是一个起点，自然美学由此应运而生，但是为何今天的自然美学往往被视为环境美学中的重要一维呢？

那是由于随着历史的发展，自然问题逐渐被拓展到了环境范畴，也就是实现了从“自然环境”到“人造环境”的拓展，环境美学愈来愈得到重视，从而将自然美的研究纳入自身的体系当中。事实也是如此，“我们的鉴赏超出了质朴的大自然，从而进入我们更世俗的环境当中”，因而“环境美学才应运而生”。

按照卡尔松最新的理解，从性质上讲，环境美学就是“日常生活的美学”。伯林特也基本持类似的主张，他同样在一种更为宽泛的意义上理解环境，就是“拓展到广阔的环境里面，这些环境包括：自然环境、城市环境和文化环境”[1]。

必须指出，卡尔松与伯林特这对当代环境美学研究的“双子星”，他们对环境美学的核心问题——“自然审美”（the appreciation of nature）与“艺术审美”（the appreciation of art）的划分——却是不相同的。前者主张艺术审美是趋于“静”的“静观”（contemplation），而自然审美才是“动”的“介入”；然而，后者从他的“介入美学”着眼，将自然审美与艺术审美统统纳入“介入”的模式当中。

“环境美学”的兴起，是目前所能见到的21世纪美学发展的一条新路，尽管在20世纪后半叶欧美学者已经对此做出了巨大贡献，但随

1　阿诺德·伯林特主编：《环境与艺术：环境美学的多维视角》，刘悦笛等译，重庆：重庆出版社2007年版。

着全球化时代的来临，环境美学的兴起也同样引发了国际上对“非西方美学”智慧的普遍关注，如今东西方正在共同丰富这一美学形态。

狭义上的“环境美学”，作为从 20 世纪 50 年代在欧美学界兴起的美学新学科，就本质而言，是一种“生活美学”。或者说，环境美学应该属于“日常生活美学”的一种。这大概已经成为环境美学研究者的某种共识，因为环境就是每个人日常生活的环绕物，它具有“属人”的基本特质，与人们日常生活的各种活动息息相关。

从历史的角度看，“环境美学”究竟是怎样在欧美学界被提起的呢？环境美学迄今为止的命运又如何呢？这就要从占据欧美美学界主流的“分析美学”（Analytic Aesthetics）谈起。20 世纪的分析美学将自然美（natural beauty）的难题置于理论盲区中，由于它只关注艺术，以艺术为中心，从而使得其他可以被审美的文化内容难以被纳入美学视野之内。

纵观 20 世纪整个欧美美学主流，基本上都转到以艺术为核心问题的研究上面。以“语言学转向”（the linguistic turn）为鹄的分析美学，

自然美在欧洲出现得较晚，在 17 世纪的荷兰才出现纯粹意义上的“风景画”，最早的田园风光图画也暗示着被画者对这片土地的占有。

则充当了这种新的历史转向的"急先锋"，只不过语言的机制成了美学研究的主宰。实际上，在分析美学所聚焦的艺术之外，还有更广阔的空间可以开拓，分析美学恰恰是制约了这种继续延伸的美学力量。尤其是在分析美学被定型之后，这一美学传统里面的学者，大多致力于"再现""表现""虚构""艺术品本体论""艺术定义""解释"等的研究，而鲜有新的创意出现。

最重要的例证，就是英美国家的美学原论方面的著作，都惊人地表现出结构上的一致性，而且无一例外地将自然美问题排除在外。所以，环境美学家们在谈及这个事实的时候，往往都要援引那几本经典的分析美学文选，诸如当代学者约瑟夫·马戈利斯（Joseph Margolis）所编的、被反复再版的《从哲学看艺术：当代美学文选》（*Philosophy Looks at the Arts: Contemporary Readings in Aesthetics, 1962*）等文本，从而来指责在分析美学的眼光里面缺少了"自然"的维度。

在20世纪中叶，分析美学以艺术为核心的主流趋势，使得被严重忽视的自然美问题被一些有识之士提出来，自然美学和环境美学恰恰产生在这一时期。一位理论的"先行者"，就是当代哲学家罗纳德·赫伯恩（Ronald W. Hepburn），他那篇最初被收入于《英国分析哲学》（*British Analytical Philosophy*, 1966）的《当代美学与其对环境美的忽视》（*Contemporary Aesthetics and the Neglect of Natural Beauty*）一文，最早扬起了复兴自然美学研究的大旗。在20世纪后半叶，这种被普遍忽视的情况大为改观，当代的自然美学和环境美学，开始超越以艺术为中心的分析美学的主流传统，其基本取向就是"反分析美学"传统，尽管在许多方面仍受到传统分析美学的掣肘。

从美学史上说，对自然美关注的复兴，恰恰是对黑格尔美学以来忽视自然乃至压制自然美的倾向的反动。分析美学对这一趋向产生了最重要的反作用力的影响，其对艺术的偏好是有目共睹的，其所遗留的自然"空场"的确需要美学多加建构。由于对语言问题的关注，传统分析美学的“套路”似乎更适合于那种直接面对批评、小说、诗、绘画、音乐的语言解析，从而加深了其自身的重“艺”轻“自然”的倾向。然而，分析美学的反作用力同样是巨大的。在规范的传统分析美学的内部，人们就曾注意到了这种忽视带来的偏颇，而当“自然美学”的旗号被打出之后，追随者甚众，至今愈演愈烈，这从当下的国际美学界的情况可以看得更为清楚。

如果继续上溯美学史，可以看到对自然美的压制的确是历史形成的。其实，早在19世纪，欧洲浪漫主义就显露出一种“对自然的发现”的新路，然而这种主要在文学和艺术当中得到不断回应的思潮，却随着浪漫主义的落潮而衰落了。可悲的是，这种历史性的衰微并未引起美学家的注意。

如果从德国唯心主义思潮（国内一般称之为德国古典哲学）来看，哲学巨擘康德（Immanuel Kant）似乎更加注重自然的伟力，在《判断力批判》中他所提及的艺术家无非就是荷马与一位德国诗人而已。在他的心目中，自然美无疑是高于艺术美的，这从他对于“崇高”范畴的哲学解析中就可以得见。康德的个人偏好对于德国唯心主义美学而言好像是一个好的信号，但是，这种取向在他的思想的继承者席勒（Johann Christoph Friedrich von Schiller）那里被阻断了。

德国美学家席勒将艺术提升到首位，而相对压制了审美的地位。到了另一位哲学巨擘黑格尔 (Georg Wilhelm Friedrich Hegel) 那里，艺术彻底压倒了自然，自然完全被排除在美学的疆域之外。我们知道，黑格尔的美学实际上就相当于艺术哲学。或许，在黑格尔看来，只有艺术才是人类精神的某种显现，只有这种显现才是美的。所以，黑格尔关于美的著名定义就是“美是理念的感性显现”。

“美是理念的感性显现”，这是中国美学家朱光潜的很妙的译法，它凸显了理念（其实是精神的外化）的核心地位。黑格尔这种完全回到艺术的方式，在其后的百余年间居然未得到充分的重视。尽管在19世纪

欧洲古典油画中的风景开始只是作为“人的背景”而出现的，即使后来成为绝对的“前景”，而融入自然中的人却成了自然的背景。

中叶，出现了反黑格尔主义的思潮，倡导“回到康德去”，但是康德所偏重的自然美仍然被忽视。相应地，趣味问题也没有得到关注，康德曾表示，在天才与社会趣味有冲突的时候，他毋宁取趣味而舍弃天才，这足以表明他的立场。只要比较一下从叔本华（Arthur Schopenhauer）到尼采（Friedrich Wilhelm Nietzsche）对天才的倚重和推崇，就可以比照出康德是相对地忽视了艺术，或者将自然置于艺术的地位之上。

在20世纪美学思潮当中，对自然美的态度仍然是泾渭分明的。黑格尔由于关注理性的自觉，所以对艺术的推崇理所应当。然而，早期法兰克福学派美学的重要代表人物阿多诺（Theodor Wiesengrund Adorno），却试图以自然本有的“非确定性”去反抗那种理性中心主义的力量，当然，阿多诺心目中所抨击的对象是资本主义社会所塑造的工具理性。所以，阿多诺才会称自然当中的美为事物的“非同一性”的残余。[1]因为理性被视为拥有“同一性”的，按照阿多诺的“否定辩证法”和思维“星丛”的观念，自然反倒成为反对理性同一性倾向的“宠儿”。这是《美学理论》里面提出的新见解。与阿多诺这种具有后现代取向的新马克思主义学者相比，现代哲学解释学大家伽达默尔（Hans-Georg Gadamer）的看法却刚好相反。

与阿多诺相抵牾，哲学解释学大家伽达默尔在《真理与方法》里面对待艺术的观念，似乎直接回到了存在主义哲学家海德格尔（Martin Heidegger）的存在观念那里，但对待自然的态度没有海德格尔那般对自然亲近，尽管他并没有直接拒绝自然美的实存，但是显然，在他眼里艺术美是高于自然美的。这就好像是又回到了黑格尔那里，有些时候，伽达默尔的观念，倒更接近于黑格尔而不是海德格尔。当这位具有古典风格的哲学家，认定艺术就是德文意义上的那种“表现”的时候，他更多的是指艺术能够揭示出事物的“真理”。这既是对海德格尔的“艺术是

---

1 Theodor W. Adorno, *Aesthetic Theory*, Routledge & Kegan Paul,1984,p.107.

真理的自行显现”的观念的继承，也是对黑格尔理念的间接接受。

当然，这种真理绝不是模仿的真理，而是一种本体论意义上的存在真理，伽达默尔用绘画说明的就是这个基本的道理——绘画使物成其物，使得事物回到了自身的本然存在状态。由此推导，自然的地位又何在呢？伽达默尔的观念倒十分直截了当：“风景画”使得“风景成为风景”。这句颇具现象学和存在哲学意味的话，透露出了伽达默尔用艺术观念去“透视”自然的误区。

环境美学和自然美学本来就是要远离过去曾以艺术为核心的美学研究的主流，然而，在确立自身的研究对象和范围的时候，艺术与自然、艺术审美与自然审美的关联及其互动关系，却是环境美学研究的重要问题。这也许就是一个悖论，但无疑，各种各样的环境美学观念之间的区隔，仍在于对待艺术与自然关系的基本理解的差异之上，在这种区分基础之上，各种自然美学与环境美学的观念就得以登场了。

当然，自然美学的出场更有其社会性的理由，按照西方学者的普遍观点，当今时代之所以需要以自然为核心的这种新美学形态，主要是因为“全球化将不能终止全球生态危机被引发”，“为了形成全球环境危机的意识，人类经验的审美之维就有了用武之地”![1]

1 Heinz Paetzold, *Aesthetics and the Challenge of Globalization*, in International Yearbook of Aesthetics, Volume 8, 2004,p.134.

# 人貌而天虚与自然人化

如今，借环境美学与自然美学的“津梁”，我们可以沟通东方与西方，来共建一种具有“全球意蕴”的新的美学形态。这就需要东方的美学智慧，特别是中国道家美学思想的支撑。

在描述道家的自然美学思想的精髓之前，我想先引论一段《庄子》里面的话，田子方向魏文侯描述其师东郭顺子的状态为：

> 其为人也真。人貌而天虚，缘而葆真，清而容物。物无道，正容以悟之，使人之意也消。无择何足以称之！（《庄子·田子方》）[1]

在这里，庄子提出了一个“人貌而天虚”的观念，这恰恰呈现出中国人的一种独特的自然观。

按照道家思想的本义，万物因“道”而生，人亦随“道”而“动”，或者说因“德”而“神明”。然而，道家还是将人的形貌与万物区分开来，这就是《庄子》所论的“道与之貌，天与之形，恶得不谓之人？”（《庄子·德充符》）。这里率先强调的，还是人就要有人的自然形貌，由此才可以称其为人。

这就是庄子对人的“肉身化”的基本理解，关键在于如何理解“天虚”。按照通常的理解，“虚”乃“空”也，但是按照俞樾《庄子平议》的阐释：“‘虚’者，孔窍也。……‘孔窍’，故亦训‘心’。……‘人貌

---

1　转引自陈鼓应：《庄子今注今译》，北京：中华书局1983年版，第503页。

作为“道家美学”的集大成者，庄子对生态和自然的关注尤甚，对于自然本身，他提出了“天地有大美”的思想，对于人自身，他提出了“人貌而天虚”的思想，但其思想内核仍是“道法自然”。

而天虚’，即人貌而天心，言其貌则人，其心则天也。”[1]

其实，这里的意思还是一样的，“天虚”具有双重内涵：一方面，天与人都是“道化”的产物，不同的是，天给人“廓清”了一个“中空”而“外虚”的“道之空间”，这是表面的意思；另一方面，“天虚”与“天心”同义，这意味着“其心则天”，所以方能体尽无穷，从而“游无朕”，“其貌则人”，故能随顺万物，与物委蛇。这是深层的意思，人心从而成了“自然的人心”。只有达到这种“人貌而天虚”的无内无外、亦虚亦实的境界，才能“超以象外，得其环中”（司空图《诗品·雄浑》）。

这正是道家自然美学的精华所在，那就是人与自然共同按照“道法自然”的规律而运作，这里“道法自然”的“自然”指的当然不是大自然，而是“自然而然”的“自然”（naturalness），不过这两种意思的

1 转引自陈鼓应：《庄子今注今译》，北京：中华书局 1983 年版，第 503 页。

时至今日，欧洲的园林设计，仍偏爱那种面对自然“过度改造”的几何造型，而中国古典园林里面的花草树木则是按照“自然而然”的规律生长着，即使有所改造，也是想令其显现出一种“天趣”。

表达在中国从古至今都使用同一个词。所以，“自然”就是按照“自然”而运作的“自然”，这里面蕴含的是中国人所独有的生存智慧，那就是顺道而行，以无应有，以静驭动，从而达到“无所为而为”。

道家智慧的这种本然的美学特质，也被当代西方学者敏锐地把握到了。按照汉学家赫大维的讲法，人类对于智慧的理解存在着“美学的”与“逻辑的”两种模式，我们可以说，前者是东方道家式的，后者则是古希腊哲学式的：

（1）相对于西方某些主流对待伦理和生态的方法，道家的优势在于把自然界作为美学秩序来理解。

（2）“无名的道”不是作为本体论的根据，而是所有可能秩序的非连贯的综合。

（3）道家“无宇宙论”（acosmotic）的宇宙论默认了一个由万物中的特殊个体所构成的去中心的世界。……所以，世界的秩序既不是理性的，也不是逻辑的，而是美学的。[1]

与此同时，道家这种将自然界视为“美学秩序”的独特的美学理解，还具有如下特点：首先，这种美学理解认定万物平等，从而否认了任何对象、事件和形状具有存在论上的优越性，西方的那种本体论的建构亦不可能；其次，这种理解排除了人类中心主义的谬见，同时更排除了“逻各斯中心主义”的霸权；最后，它还关乎传达美学理解的语言，或者说，这种语言没有像海德格尔那样引导人们去区分“存在”与“存在物”，它只关注一个存在与另一个存在的不同，而这个“道化”的世界并没有最终本体论上的依据。

实际上，古代中国人其实是在以另外一种方式去“改变”自然，更确切地说，使得自然“濡化”。的确，人与自然的有机和谐统一，这是中国文化的一个基本规定。但是，其中的“自然”，始终是一种“人文化的自然”（cultivated culture）。[2]

“人文化的自然”，这种理解是相对准确的，为何这样说呢？中国文人的确尊重自然，但同时也被自然“化掉”了，通过人文“化掉”了。

只要我们亲身游历中国的名山大川，主要是东部的名山名水，也就是历史上处于农业文明中的山水，我们就会发现，其实这些自然早已被“人文化”了。为什么这样说呢？还是以泰山为例，从山下的岱庙一直走到山顶的玉皇顶，你会发现，几乎没有一处没有前人的题字篆刻。泰山就好似一座承载了太多文化历史的名山，其本身的山的韵味是同文化融合为一的。除去这些历史名山大川不论，即使那些新近被“开发”

1 David L. Hall, *From Reference to Deference: Daoism and the Natural World*, in Daoism and Ecology: Ways Within a Cosmic Landscape, Harvard: Harvard University Press, 2001.

2 参见 M. Lafargue . Hall, *"Nature"as part of Human Culture in Daoism*, in Daoism and Ecology: Ways Within a Cosmic Landscape, Harvard: Harvard University Press, 2001.

出来的景点，中国人也喜欢给这些景致“命名”。

我曾经说过，这种“命名”的过程其实也是一个“文化化”的过程，比如将一些子虚乌有的神话传说赋予景致身上，这种做法恰恰体现了中国人的自然观念。[1]难怪那位美国美学家伯林特来中国旅游之后，特别是游历了泰山之后，竟认定中国没有纯自然意义上的自然了。中国没有自然？这可真是件有趣的事。

还有一个有趣的故事，那就是我组织过一次“生活美学”国际探讨会，会后与几位环境美学家共同游览长白山。很幸运，我们看到了天池，大家对火山的审美还是比较一致的。然后，我们共同去穿越原始森林，那景色叫作“大戏台河”，这时候出现了各种各样为松树赋予传说的现象。当时我就与环境美学家卡尔松发生了争论，他认定自然审美更多依靠科学知识，而我在这片原始森林当中看到了更多中国式的人文审美。

当时，有一棵“护参神树”，它就被赋予了这样的传说：有个外号叫“参王”的放山老把头，他跑遍了长白山，知道哪儿有“千年棒槌”，也就是山参。他在山里挖山参所赚的钱财，除了供自己吃穿，剩下的都救济了穷苦人。老百姓称他为“参王菩萨”。这年，宝马城县官要把山参进献给皇上，请他去挖。县官答应给他三三九间房，四四一十六匹马，五五二十五匹布，六六三十六垧地和金银财宝，让他领人去挖七七四十九棵大山参。他领着县官的家丁在山里转了九九八十一天，一根山参没挖到。县官要活活烧死他。老把头坦然地坐在一块石头上。当家丁扑上来时，发现他已经死了。原来他吞食了毒果。多年后，这块石头上长出来一棵松树，人们便把这棵松树尊为“护参神树”。

这只是其中的一个古代传说，与之类似的还有什么杨家八兄弟树、百年松桦恋、孕子神树等等，不一而足。令我惊讶的是，就连现代故事也被用在了为自然“命名”上面。因为森林当中有处景致叫作“抗联

1　刘悦笛：《中国最美的地方究竟在哪？》，《中国文化画报》2007 年第 4 期。

石”，讲的是当年反抗日本侵略，抗联派三名勇士来炸军需库而与敌人同归于尽的故事。后来，这三块石头上长出三棵松树来，人们称这里为“抗联石”，三棵松树，人们就称它们为“三勇士”。

当然，中国自然审美当中也有科学要素，只不过就连科学现象也被伦理化了。有个“松树的母亲”的景观，就是一棵横倒在河边的桦树，这倒是与自然现象有关的：在长白山松树林里，本来少见桦树，因为松树本身成林了嘛，反之亦然，这其实是一种自然进化的竞争现象。但是这里称桦树是“松树的母亲”，没有从科学方面来理解。

现场的解说这样说道：一旦松树的种子落进桦树林中，种子发芽拱出地面，桦树就开始用自己的枝叶为小松苗遮雨蔽日，挡风御寒，像母亲哺育自己的婴儿一样，不让小松树受到一点伤害。冬去春来，她为小松树提供了充足的养料，直到松树超过了桦树，她便渐渐衰老，等到松树长大成林，她也枯死在“儿女”的脚下。她的躯体融进土壤里，为松树做出了最后的奉献。眼前，这株横卧河面的桦树，正用自己的身躯养育着松树儿女……

这就不仅将自然加以审美化的观照，而且加以伦理化的解读了，形成了中国人一种独特的审美观。当然，在如今的自然审美当中，科学要素也越来越多了，比如对“红松”的说明解读：红松（别名：果松），为松科常绿大乔木，高约 30m；针叶 5 针一束，长 6—300px，粗硬；球果圆柱状长卵形，长 9—375px，种子大型，扁卵状三角形。生于林内，产于安图、抚松、长白、靖宇、临江等县市。分布于中国东北地区及朝鲜、日本、俄罗斯（远东地区）。果实经济价值较高，曾为东北主要用材树种，现为国家Ⅱ级保护植物。

从 20 世纪中叶以来，中国美学界关于美的本质的论争，就在自然美的难题上纠缠不清，甚至将自然美问题的解决，作为解决美的本质问题的“钥匙”。那时候，中国就开始了到底何为自然美的论辩。因为自然美问题，直接关系到美到底是主观的，还是客观的问题。

在原始森林里行走的时候，科学与民俗知识如何融入我们的审美当中？

当代中国的“实践美学”更倾向于“自然的人化”的观念，这就摒弃了本土传统的自然观，这种“天堑变通途”“沧海变良田”的重大变局，发生在 20 世纪中叶以后，这从当时“人定胜天”的绘画中可见一斑。

如果认定美是主观的，那么，自然美则在于人“心”；如果认定美是客观的，那么，自然美则在于外“物”。由此，就形成了两种美学认识的分殊：一种是认为美在物不在心的美学，另一种则是认为美在心不在物的美学。

正如朱光潜先生所总结的：“‘美究竟是什么’的问题之所以难以解决，也就是由于这块绊脚石（指的是自然美问题）的存在，解决的办法只有两种：一种是否定美的意识形态性，肯定艺术美就是自然中原已有之的美，也就是肯定美的客观存在；另一种是否定美的客观存在，肯定艺术美和自然美都是意识形态性的，是第二性的。”[1] 这直接关系到美的本质的“主—客”之争。按照朱光潜的看法，主张美在客观的蔡仪、主张美在客观性与社会性统一的李泽厚都利用了第一种办法，而主张美在主客观统一的他采取的则是第二种办法。

从 20 世纪 80 年代开始，当代中国以“实践美学”为代表的主流，

1　朱光潜：《朱光潜全集》第 5 卷，合肥：安徽教育出版社 1989 年版，第 113 页。

却把自然美问题引向了另一个方向，那就是“人化的自然”与“自然的人化”的方向。由此，美被视为人类实践的产物。但是也引发了很多争议，比如“月亮的美”的问题就被提了出来：你说月亮很美吧，但是当时人类尚未登月，月亮还未被一点点地人化，那么，月亮的美怎么是人类实践的结果呢？

这种本土化的实践美学，从一种“人化自然”的人类学思想出发，认定美——无论是自然美还是艺术美——都是建基于人类的伟大实践活动基础上的。这样，如此看到的自然美就不可能是如蔡仪所见的那种纯客观的自然，也不可能是朱光潜所见的那种意识化的自然，而无非就是人类实践活动的产物。这样，自然美就在另一个范畴中被理解，这就是“自然的人化”。用李泽厚的语言来说，这样的自然美就成为以“人化的自然”为基础的“自然的人化”，是在“真”的形式结构中“积淀”了的人的本质力量，其形式虽为“真”，但是其本质为“善”。而且，不仅仅要从“自然的人化”来理解自然化，更重要的，还有“人的自然化”这个内在的文化心理结构的重要作用，由此才塑造了人类不同文化的审美方式。

总之，从“人貌而天虚”到“人化的自然”，从道家美学智慧到实践美学的“主体性”思想，中国美学对待自然的方式发生了很大的变化，其中有承继和变通的一面，但更多的还是裂变与改变的那一面。如今，中国人的自然审美更为多元了，但也是在继承传统的基础上加以翻新的。

# 重塑人“与天地参”的关系

由本土的视野观之，当代“自然美学”，可以说重新思考了天、地、人的“三位一体”的关系。人在其中绝不是“顶天立地”的，而是顺应自然规律的、“与天地参”（《中庸》第二十一章）的，从而发展出一种所谓“新型的人”和“新型的价值”。

在欧洲艺术中，人在艺术中的地位在文艺复兴后被抬得愈来愈高。在古希腊“神人合一”的时代之后，中世纪艺术的基本理念就是上帝，文艺复兴时期人的主体性开始凸显，直至成为万物的灵长。比如欧洲古典艺术中人与风景共存的典型油画，画中出现的人“所处的大自然，并非卢梭想象中的大自然。他们是地主，他们的姿势和表情，表现了他们是周遭事物的主人”[1]，从而突显出主体性在画中的绝对力量。这同中国传统美学大异其趣。

在宗炳看来，“山水以形媚道”并“质有而趣灵”，所以就应面对山水“澄怀味象”（宗炳《画山水序》），或者说，“惟当澄怀味道，卧以游之”（《宋书·隐逸传》）。这种人与自然的关系，强调的是人“以玄对山水”并化入山水当中，在一种审美化的关系中，达到人与自然的和谐同一，所谓“山河天眼里，世界法身中”（王维《夏日过青龙寺谒操禅师》）亦是此意。

而从本真意义上，在人与自然的关系中，人不再具有以往那种“主体性”的地位。人绝不是要改造自然的“我”（作为个体自我的 ego），而是在整体上与自然保持和谐关系。然而，按照欧洲美学传统，往往是

1　约翰·伯杰：《视觉艺术鉴赏》，北京：商务印书馆 1994 年版，第 128 页。

人重于自然，自然中渗透着人的力量，强调人是艺术的创造主体。但是在当代“自然美学”看来，天、地、人皆处于和谐的关系当中，人不再是天地的主宰，天、地与人共同参与了这个世界的创造。

这种人“与天地参”的新型关系，其实并不是新的理念。老子就曾说道：

> 故道大，天大，地大，王亦大。域中有四大，而王居其一焉。（《老子》二十五章）

人只是作为“四域”之一的存在，天、地与人都具有平等的地位，“大道”亦运行于其间。这同海德格尔在1941到1949年的多篇论文中才开始阐发的“四重体”（Geviert/foursome）观念极为接近，“这四个世界地带就是天、地、神、人（世界游戏）（weltspiel）”[1]。但是，欧洲传统思想观念中的确存在“神的维度”，而中国传统文化则缺失了这一层面（或者说这个层面并不占据主导地位），更注重天地自然按照“道”的规律“自然而然”地运作。

应该说，天、地、人这“三方世界”的关系，就构成了自然美学的基本结构。这里人“与天地参”的“参”，绝不是破坏，而是协同，人与天、人与地、天与地之间的协同。

从自然美学的视角来看，就连自然本身亦是“无中心”的。这是由于，在这种美学原则中，自然乃是无限的球体，其内在性质是，正由于中心位于每个地方，所以四周不在任何地方。

在这种人与自然的关系当中，也就没有了中心与边缘的区分，或者说二者的边界被销蚀了，因为中心是无所不在的，所以边缘也无所不

---

1 海德格尔：《语言的本质》，见《海德格尔选集》，上海：上海三联出版社1996年版，第1118页。

中国古典美学智慧对于自然美学来说是至关重要的，因为它强调了人在自然中绝不是“顶天立地”的，而是顺应自然规律的、“与天地参”的，中国古人甚至达到了“不下堂筵，坐穷泉壑”的地步。

在。以欧洲艺术的空间观念为例，文艺复兴以来欧洲“焦点透视”观念，带来的是以人为中心的透视所得到的“锥形空间”，这种观念与实践在自然美学的“去中心化”取向中当然会被消解。

反过来说，自然之所以能出现“中心”，恰恰是主体性的力量起决定性作用的结果。而按照庄子“万物齐一”的观念，“万物皆种也，以不同形相禅。始卒若环，莫得其伦，是谓天均”（《庄子·寓言》）。这也就是说，各有种属的世间（包括自然）万事，是以其“不同形”而相互连接的，好似环链般自始至终彼此相扣。这正是一种自然而成的循环往复的变化状态。既然如此，自然中的每个物都是“自然链”中的一环而已，“运运迁流而更相代谢”[1]，它们都具有平等的关系，因而都不可能成为中心。

最终，自然美学还强调，只有自然才是一切事物（包括一切人造物）的源泉，同时也是最有潜力的材料。所以，要尽量保持自然的“原生态”，反对未经深思熟虑而人为重建“第二自然”。这意味着，按照自然美学行事，就要尽量保持自然的原生态，任由自然按照自身的规律变化和生灭，让自然“自然而然”地“在”。这就接近庄子所说的“原天地之美而达万物之理”——“是故至人无为，大圣不作，观于天地之谓也”（《庄子·知北游》）。

在这个意义上，自然美学就是“原天地之美”的美学，因为这种美学在很大程度上是由天地本身参与完成的，而非完全由人力为之，那种过分的人力为之的美学，在自然鉴赏中显然是被拒绝的。只有在这样保持“原生态”的自然里，自然的鉴赏者和参与者，才能“可行”“可望”“可游”“可居”（郭熙《林泉高致》）。

当然，这种自然美学所反对的还有实践层面的“艺术惯例”和

1 郭庆藩辑:《庄子集释》，引自《诸子集成》第3册，上海：上海书店1986年版，第409页。

理论上以艺术为绝对中心的美学。当那些传统艺术品被“策展人在自己的艺术展中要求划定界定”的时候，所谓的“文化拘禁”（Cultural Confinement）现象也就发生了。[1]

于是，虽然艺术家自己并没有拘禁自己，但是他们的作品被“艺术体制”拘禁起来了。“当艺术品被置于展览馆当中，它就失去了价值，逐渐成为表面脱离了外部世界的便携对象”，似乎只有在展览馆的四面白墙内，艺术品才能获得一种“审美上的逐渐康复”（esthetic convalescence）[2]。而自然美学恰恰要与这种传统艺术体制相抗衡，因为它就是在外在于“文化拘禁”的世界中实现的。

环境美学和自然美学已成为当今欧美和中国美学界共同关注的“焦点”。欧美美学试图由此来超越以艺术为中心的分析美学研究传统，中国美学也在努力发掘本土传统中的审美要素，来共建以“自然”为核心的新美学体系，这似乎都暗示出全球美学研究重心的某种转向。按照西方学者的普遍观点，当今时代之所以需要这种新美学形态，主要原因就在于“全球化将不能终止全球生态危机被引发”，“为了组成全球环境危机的意识，人类经验的审美之维就有了用武之地”[3]。

与此同时，“自然美学”的基本取向，其实是同原始道家美学的“天地有大美”的观念相通的。庄子曰：“天地有大美而不言，四时有明法而不议，万物有成理而不说。”（《庄子・知北游》）其中充满了对大自然的敬畏！但这种敬畏又不是一种疏远的关系，而是在顺应自然的基本前提下，让天地自然与人保持本有的亲和关联。“自然美学”可以从东方智慧那里得到滋养，人要与自然保持本然的亲密关联，并敬畏自然天

1 参见 Robert Smithson, *The Writings of Robert Smithson*, New York, 1979, p.132.

2 参见 Robert Smithson, *The Writings of Robert Smithson*, New York, 1979, p.132.

3 Heinz Paetzold, *Aesthetics and the Challenge of Globalization*, in International Yearbook of Aesthetics, Volume 8, 2004, p.134.

到自然当中去审美，也就是要突破一种“文化拘禁”，地球健康与人类健康同等重要。

环境伦理学家和环境保护主义者都期待一种生态文明模式的出现，从而把审美视为伦理境界中的一种高级境界。

地的造化之功。

还有，自然美学的出场，对于整个美学体系的革新也是具有重要意义的。如前所述，当伯林特提出自己独特的“介入美学”（Aesthetics of Engagement）的时候，吸纳的恰恰是环境美学的资源。他特别强调，人们在参与审美的时候，往往并不局限于传统的审美感官——“欣赏音乐的耳朵”和“观看绘画的眼睛”，我们的味觉系统、触觉系统，乃至身体各种感官都参与其中，被视为具有功利品格的这些感官也承担了审美的重任。这不禁令人想起英国美学家、心理学家浮龙·李（Ver Vernon Lee）的“内模仿”说，譬如在观赏一个瓷瓶的时候，呼吸运动、身体姿态等都参与其中，只不过这些微妙的感受很难被察觉到而已。

我们可以这样比较，一个审美者，当他置身于美妙的大自然当中时，其感受与置于封闭的美术馆当中当然不同。在自然界当中，“鸟语”“花香”乃至影响气候的“湿度”“温度”都参与审美，在自然的审美当中，也许我们才真正回归到原始的那种“全方位”的审美。然而，在诸如美术馆这类被四墙所隔的、人造的“审美空间”当中，似乎那种全方位的审美感受就减弱了许多，眼睛与耳朵的审美功能被强化了（但我们无法否认在美术馆观看油画时也可以闻到“油香”，感受到油彩被“堆”到画布上的触感，这与仅仅观看印刷品的感受也是不同的）。

由此可见，环境美学的丰富资源，恰恰可以成为美学原论继续拓展的“突破口”。在这方面，中国古典美学亦提供了重要的养料，远古时代“诗”“乐”“舞”的“合乐如一”的积淀，佛教所谓“根”上的眼、耳、鼻、舌、身、意和“尘”上的色、声、香、味、触、法的说法，似乎都可以指向一种更为“圆融”的全面审美观。

因而，以伯林特为代表的一些美学家批判了在康德那里得以定型的“审美非功利”（aesthetic disinterested）的根深蒂固的理念，这似乎与其所关注的环境美学毫不相干。事实刚好相反，环境美学恰恰走到了18世纪欧洲兴起的、以“非功利”为内核的所谓“综合美学”（Aesthetic

Synthesis）的反面。可以说，对美学原论的基本理解与对环境美学的深入研究，其实形成了一种互动的关联：环境美学的某种理论被“上升”后用以突破传统美学原论的局限；反过来，美学原论的某些拓展也被“下放”到环境美学当中。

在国际领域，东方美学的智慧开始被广为关注。不仅许多东方学者可以阐发出自身文化中“自然美学”的因子，西方学者也关注到了东方美学对于环境美学建构所具有的不可替代的价值。在自然美学的东西方共建中，我们可以看到东西方两类美学智慧在同一问题上的碰撞。所以说，面对自然美学，不仅要有“全球美学”的眼光，而且要有“东方视角”，使得东西方的美学智慧大致保持一种平衡，这才是构建全球自然美学的健康之路。

审美乃是全人类的事，自然也属于地球上的每一个人。

# 自然人文化的本土传统

追问中西方自然审美的差异问题，首先应该追溯一个“发生学”的问题——自然美究竟是如何被“发现”的？

这就直接涉及人与广义的环境的历史关系演变。在今天我们可以说，纯然意义上的自然是不存在的，或者说，在目前这个世界上没有一块“无人类污染”的自然之地，即使是那些人类尚未登临的雪山和极地，也因人类长期活动导致的气候变化而产生了微妙的变化。

按照美国社会学家丹尼尔·贝尔的意见，前工业文明的主要矛盾是人“对付自然”，工业文明的主要矛盾是人“对付制作的世界”，而在后工业文明那里，人与人之间的矛盾即“处理人际关系”（game between personals）则成为矛盾的主导。[1] 当然，后一新生的社会类型与前一类型并不是决然断裂的，而是建构在前者的坚实基础上。

实际上，还可以继续将前工业文明区分为前农业文明与农业文明两段。这是因为，在前农业文明阶段，特别是原始社会时期，由于人类直接就是自然的一部分，所以原始人尚未能跳出自然来“观照”自然。最早被发现的自然美，应该是从农业文明阶段开始的。由此出发，就可能产生两种类型的自然美的“发现模式”。

第一种就是农业文明内部的自然美发现模式，以中国传统文化为代表，可以称之为“中国模式”。

我们大概知道，在农业文明所形成的社会里，人类直面实存的自

---

1 丹尼尔·贝尔:《资本主义文化矛盾》，北京：生活·读书·新知三联书店 1989 年版，第 198—199 页。

在农业文明时代，人为了“对付自然”，从而与自然保持一种亲密的关系，所谓“家园意识”由此而生。

然而有机性、笼统性地去"做"事，农业生产只是顺应自然地对物的外部照料，人际关系也随之衍生而出。在这种背景之下，中国人对自然美的"大发现"应该出现在魏晋南北朝时期，而此前的先秦时代还只是将自然作为"比德"的道德工具。在一种中国"玄学"泛滥的语境中，魏晋文人首先发现了自然可以安顿个体生存的意义。如此一来，"畅情山水"就几乎变成了文人们的普遍追求。这是从农业文明当中发现的自然，它同时也是农业文明所滋生的文化本身"构造"出来的。

第二种则是工业文明内部的自然美发现模式，以欧洲古典文化为代表，可以称之为"西欧模式"。

在工业文明所形成的社会里，人们更要面对工业文明制造出的"第二自然"，他们既要从事工业生产从而重新构造社会（做事），又要应对契约型的人际关系（做人）。这是一种无机性的、构造性的"做"，在其中"做事"无疑具有经济基础的主导性。在这种相对远离了自然的背景下，自然美可以说是被"再度发现"了。这是由于，工业文明的自然美，是人们与自然保持了一定的"审美距离"之后才产生的。这就好像进入现代城市居住的人，往往对自然有一种"思乡"的情绪，而长期在农村劳作的人则对自然"麻木不仁"一样。由此，自然美就成为工业文明所滋生的文化的另一种"构造"，是"反观"自然的一种"再发现"。

实际上，古代中国人其实是在以另外一种方式去"改变"自然，更确切地说，使得自然"濡化"。的确，人与自然的有机和谐统一，是中国文化的一个基本规定。但是，其中的"自然"始终既是一种"人化的自然"（humanized nature），又是一种"文化化的自然"（cultivated nature）。[1]

这里可以引证中国古代美学家刘勰的《文心雕龙》中的相关论述，

---

1 M. Lafargue. Hall, *"Nature"as part of Human Culture in Daoism*, in Daoism and Ecology: Ways Within a Cosmic Landscape, Harvard University Press, 2001.

看一看按照中国古典观念，自然是如何从自然当中转化出文化的。作为《文心雕龙》开篇的《原道》篇就曾指出：

> 文之为德也大矣，与天地并生者何哉？夫玄黄色杂，方圆体分，日月叠璧，以垂丽天之象；山川焕绮，以铺理地之形。此盖道之文也。仰观吐曜，俯察含章，高卑定位，故两仪既生矣。惟人参之，性灵所钟，是谓三才，为五行之秀，实天地之心。心生而言立，言立而文明，自然之道也。

这里面，刘勰巧妙地实现了一种“转化”，也就是从宇宙意义上的“文”，转到文化意义上的“文”，再转到文学意义上的“文”。当然，刘勰主要论述的是文学的源起问题，其内在的逻辑是“宇宙一心灵一语言一文学”。我们看下面，金文的“文”字，在基本人形的基础上，中间还有“心”字，这是中国文字所显露出来的“文”的观念，由此可见，“人”在华夏文明里乃是“有心人”。

不过从这种宇宙观和文化观里面，我们看到了问题的另一方面：尽管刘勰论述的是自然如何转化为文化，但我们看到的还有，中国传统

金文的“文”字的中央乃是个“心”字。

视野里的自然究竟是如何在理论上被“文化化”的。

“人文化的自然”，这种对中国传统自然审美的理解是相对适宜的。中国文化在尊重自然的同时，也“化掉”了自然。道理很明确，只要我们亲身游历中国的名山大川，我们就会发现，其实我们的这些自然早已被“人文化”了。

中国这种“人文化的自然”，在山水、园林与艺术当中都得以显现。园林在中国又被叫作“假山水”，从而与“真山真水”相对，而千年以来中国水墨绘画中最多的题材就是“画中山水”。自然中的“人文化的自然”，还是以泰山为例，这座名山拥有2000多处摩崖石刻，从古至今很多中国名人的题记、诗歌、书法作品被刻在山石上，如高14米、宽5.3米的《纪泰山铭》的石碑上就刻上了1008个汉字，游客在欣赏高山的同时也参与了文化构建。如此一来，这座圣山几乎完全被“文化化”了。而且，这类文化遗迹在中国绝大多数名山当中都是大量存在的，它们与真山真水一道进入游人的审美视野当中。

同样，中国私家园林通常被视为“缩小的山水”，它就是在庭院之中打造出的一套完整的“假山假水”。中国的私家园林以苏州园林最为典型。这类园林一方面将园子外面的自然风光吸收进来，采取了“借景”（borrowing view）的造园方法；另一方面则在内部空间凿池堆山，并以山、池、泉、石为中心，莳花栽树，环之以建筑，因势随形，形成山水园。这种咫尺山林要求“小中见大”，表现出一种含蓄回味、神韵天成、具有诗情画意的宋元山水画般的意境。这种园林首要的审美精神，就是“天成”，园林虽是典型的人造景，却不能露出人工斧凿之痕，计成《园冶》所谓“自成天然之趣，不烦人事之功”，正是此意。

在中国传统绘画中，山水之所以成为一种“主流中的主流”的题材，恐怕还是文人与大众钟爱自然，并希望在艺术当中重温在山水中的感受的缘故。山水画是在中国南北朝时期才分科独立出来的，这个时期，恰恰是中国人发现了“自然美”的时期。从此以后，山水画就压倒

中国古典文化将自然“人文化”了。古人常常将自然纳入某种“绘图程式”当中（如上图《山寺晚钟》《渔村夕照》等程式），王履所谓“吾师心，心师目，目师华山”（如下图王履的《华山图册》）的路数，反过来理解更为贴切。

了人物画，成为中国绘画的绝对主流，直到唐朝展子虔创作《游春图》之后才确立了山水画的独立地位。《游春图》是中国现存最早的一幅山水画，从这幅画开始就可以发现，之后许多画中都有游人的存在。这些被描绘得极小的人物，往往代表了人参与山水的一种情怀与心境，这同时也是将山水本身“文化化”了。

从历史变迁的角度看，无论是“天工造物”的自然还是“鬼斧神工”的自然，只有进入人类的生活，人与自然发生了审美关系之后，自然之物才能逐渐成为审美对象。但是，按照环境主义论者的观点，他们认为，如果认定“环境”就是围绕着主体生成的，那么这种思想本身就蕴含了“人类中心主义”的意味。然而，环境毕竟还是针对人类而言的，没有人类也许就无所谓环境的存在与否，甚至可以说，环境总是“属人”的环境，无论针对每个个体还是整个人类来说都是如此。这也是中国传统思想的出发点，它试图在人与自然之间形成一种动态学的平衡，并强调人的文化性的存在。

而在西方，自然美学与环境美学的出现，对于反思哲学意义上“自然—文化”的关系也具有重要的意义。如众所周知的，艺术是被我们“创造”出来的，而我们却只能去“发现”自然。尽管自然与环境美学本来就是要远离过去曾以艺术为核心的美学研究的主流，然而，在确立自身的研究对象和范围的时候，“艺术与自然”“艺术审美与自然审美”的关联及其互动关系，却都是环境美学研究的重要问题。更深入地看，这种理解的基础还是要回到“自然—文化”之辩上面。

在自然与文化的关联当中，中国传统的自然审美观强调的是自然的“文化化”的重要意义。这里需要破除一个误解，中国学者普遍认为，中国传统道家哲学的思想是彻底遵循“自然而然”的，绝对强调在人与自然之间，后者是占据主导性的，是将自然作为自然本身的，这却遮蔽了问题的实质。

然而，中国人对待自然的基本审美态度，却常常被中国人自己所误解。似乎中国人更加懂得生态的智慧，所以，自然在中国人看来是不可以“触动”的。或者说，对中国原本的生态智慧的最基本的误解，就在于认为古代中国人所面对的自然是尚未被“改变”的自然，并认定这是农业文明的基本特质。这个误解，就是按照西方人的荒野观来“误读”中国人的自然观和审美观，背离了中国传统美学智慧。

# 行、望、游、居的美化

面对“人文化”的自然，中国人具有一种独特的“栖居审美化”的传统，这属于中国人的“生活美学”传统。

西方美学研究者们在21世纪也提出了“栖居美学”的问题，并视之为环境美学的重要落实：

> 审美性地反思栖居，对从广度和深度上理解审美价值是最卓有成效的。审美维度不仅包括环境给人的感官愉悦：它的景深、光线和色彩，它的声音和气味，以及这些如何与行动着感受着的人的身体相关联，还包括特定的环境通常对人和自然生命有何启示，以及对于个体的生命来说，我们每个人又意味着什么。……栖居潜在的审美价值和审美资源的栖居美学将认为栖居既是“艺术”——有意识的和表现的，又是“环境”——自然的和给予性的。[1]

这种观点，的确抓住了栖居的“艺术化”的一面，也抓住了栖居的“环境化”的另一面，但遗憾的是未能把握住人类栖居的“生活化”的根基。“艺术”的呈现，乃是有意识的和表现的；“环境”的呈现，则是自然的和给予性的。前者是主动的，后者是被动的，但是它们的根据丢失了人们的日常生活，因为我们无时无刻不生活在环境之内，欣赏艺

1 Paul von Bonsdorff, *Urban Richness and the Art of Building*, in Arnold Berleant ed., Environment and the Arts: Perspectives on Environmental Aesthetics, London: Ashgate Publishing Company, 2002, p. 95.

陶渊明的“桃花源”成了中国古人向往的乌有之乡。

术时也就生活在艺术之中。

在《林泉高致》当中，宋朝大画家郭熙提出了一套中国人独特的“栖居美学”，显露出中国人将生活审美化的大智慧。这位古代大画家特别强调，我们不仅要有“林泉之心”，而且要有“林泉之志”，要做“烟霞之侣”，而不能以“娇侈之目”看轻泉壑，此乃一种“高情”也：

> 世之笃论，谓山水有可行者，有可望者，有可游者，有可居者。画凡至此，皆入妙品。但可行、可望，不如可居、可游之为得。何者？观今山川，地占数百里，可游、可居之处，十无三四，而必取可居、可游之品。君子之所以渴慕林泉者，正谓此佳处故也。故画者当以此意造，而鉴者又当以此意穷之。此之谓不失其本意。

郭熙指明了山水丘壑的四重功用，首先是“可行”，其次是“可望”，再次是“可游”，最后是“可居”：

（1）“行”，是短暂穿越。

（2）“望”，是旁观远眺。

（3）“游”，是移动旅行。

（4）“居”，是长久玩味。

真山水成为“可行”与“可望”的还不够，最好能成为“可游”与“可居”的。中国园林这种假山水，则是中国古人缩小自然后，希望为自己提供“可居”的人化环境，同时可以在其中“游”览。中国古代绘画中的山水画面，其实也是为古代欣赏者提供一个“心灵的游览”与“心灵的居住”的场域。

在这四重关系当中，“行”与“游”是相关的，“行”只是将山水作为行旅的背景，而“游”则必带有审美化的心态。“望”与“游”是相关联的，“望”只是将山水作为静观的对象，而“游”则强调审美化的参与抑或介入（engagement）。“望”与“居”是相对的，“望”只是浅度的纯视觉体验，而“居”则是全身心投入的深度经验，从而“生活在自然”当中。

所以说，大画家郭熙真正向往的，乃是一种“不下堂筵，坐穷泉壑”的境界，也就是一种“可居、可游之为得”的境界。既然“居”是位于最顶层的，那么，这种最高境界其实就是一种回归“生活世界”的境界。

这种生活的境界，其实是人与环境之间的一种深度的交往与互通，“通过身体与处所的相互渗透，我们成了环境的一部分，环境使用了整个的人类感觉系统。因而，我们不仅仅是‘看到’我们的活生生的世界：我们步入其中，与之共同活动，对之产生反应”[1]。这就说明，无论是哪种自然之美，都必须是能够进入我们生活世界的美。

在中国化的审美境界当中，人们既是世界的旁观者，也是世界的参与者，我们可以将天地自然视为“人类的家园”，植物、动物、水、岩石和土壤这些自然地理因素是家的地基，气候、天气与季节是使得自然美变动的要素，所以中国自然审美特别注重“时间意识”，四季的概念无论在山水、园林还是在绘画那里都是非常突出的。当然，这种中国传统还是更多地将自然作为“文化的根源”，这是无异议的，因为中国人向来尊重自然并在自然与文化之间达到某种平衡。

这种生活的境界，其实是人与对象之间的一种交往与互通。大到万丈深渊，小到一株花草，都可以达到这种与人亲和的境地，甚至从与个人的亲疏关系来说，如果山水之美不能成为“可居”的，那么，“自然界的美，像山水风月等等，虽然能移我情，但我和他没有特殊密切的关系，他的美妙处，我有时便领略不出。我自己手种的花，他的生命和我的生命简直并合为一，所以我对着他，有说不出来的无上妙味”（梁启超：《饮冰室合集·趣味教育和教育趣味》）。

质言之，我们可以归纳出这样的关于“自然之美”的初步结论：

首先，自然之美的存在，不只存在于客观的山水当中，也不只存在于主观的意象里面，它理应也存在于人的“生活”中。

其次，自然之美，乃是自然进入了人类的生活而“显呈”出来的，自然只有与人类的生活发生了关联才得以生发出来。

最后，自然之美，就是在和人的关系中才生长和显呈出来的，自然之美绝对不是人工的制造，而是自然本身向人的生成。

这就是因为，人从自然中来又回归到自然中去。人既在社会中生

---

1　Arnold Berleant ed., *Environment and the Arts: Perspectives on Environmental Aesthetics*, Ashgate Publishing Company, 2002, p8.

活，又在自然中生活，自然必定是被人化了。

尽管环境与每个人的亲疏关系千差万别甚至相差甚远，但是可以肯定的是，随着人类的活动，特别是工业化之后的改造自然活动的全面展开，整个地球很难说还有尚未被“人化”的部分：

> 这包括像南极洲、深海和最高的山脉这样的“遥远”地域。最荒芜的地域并不是最原始的自然，但是这些地区反映出人类在空旷地、侵蚀地、露天矿、重造新林、酸雨和大地表面的改变和水的分配上面所做的较早的和持续的影响；气候的可选择性被都市领域的铺砖表面所引发，被植物群和动物群所引起，而今，由于臭氧层的逐渐干燥化，全球变暖和日射增加的结果，便是这个星球没有地方是不受其影响的。[1]

如今我们看到，即使在世界最高峰也出现了人类垃圾遗留的现象，而且，地球的任何方寸之上都受到了人类气候（特别是气候变暖）的整体影响，哪怕是人类从未涉足的冰山顶峰与积雪深层，皆已受到了新的气候所带来的人为性的改变。

在2010年举办的第18届世界美学大会（International Congress for Aesthetics）上，在环境美学与生活美学之间形成了某种互动的内在张力。按照卡尔松在这次会议现场的发言《环境美学的十个转折点》（*Ten Turning Points in Environmental Aesthetics*）的意见，日常生活美学主要是环境美学的一个分支，然而这种意见并不正确。

正如我在与其的争论当中所言，环境美学可以被视为生活美学的一个组成部分，因为我们始终都是“生活”在环境当中的。这里就存在

---

1　阿诺德·伯林特主编:《环境与艺术：环境美学的多维视角》，刘悦笛等译，重庆：重庆出版社2007年版，第7页。

工业革命之后，世界上最荒芜的地方都有“人化”的成分了。

一个重要的问题：究竟是环境美学包含生活美学，还是生活美学包含环境美学？换言之，究竟生活是在环境里面出现的，还是环境围绕生活而形成的？

答案是非常明显的，只要人类存在，环境就是针对人而言的。在第18届世界美学大会上，以及在新近的环境美学发展趋势当中，我们看到了环境美学发展的重要新方向：

（1）走向“应用环境美学”。

（2）走向“生态学美学”。

（3）走向“社会美学”。

第一个取向是走向环境美学的“应用化”：从理论到“应用”的环境美学。

芬兰美学家约·瑟帕玛在这次世界美学大会上的发言标题就是《从理论到应用的环境美学》，副标题是《当“学术的美学”遭遇“真实界”的要求之时》，明确提出了走出理论美学的藩篱，将环境美学重塑成一种新的应用美学，就像“应用伦理学”所做的工作那样的观点。实际上，早在环境美学初步发展时期，就已经出现了“经验的环境美学”的路数，其中，出现了一系列论文，诸如《论对自然环境的保护》《景观评价：理论的真空》《论风景美量化的可能性》，但是由于早期建设仓促，这种经验化的思路未得到一贯的发展。

与大多数美学家的看法不同，瑟帕玛认为，环境美学有两个转折点，一个转折点当然就是1966年赫伯恩发表的著名文章《当代美学与其对环境美的忽视》，但是大家往往忽视了另一位英国著名美学家哈罗德·奥斯本的相关贡献，因为在关注艺术及其鉴赏之外，他在1979年还曾发表过《美学的智慧危机》一文。根据这种理解，如果说，赫伯恩的文章引发了美学家对于从自然到人造环境的“理论”探讨，那么，按照奥斯本的思路，则理应倡导美学向“应用化”领域进军。所以，瑟帕玛认为，未来环境美学的动态发展与变革必定要获得一种平衡，也就是在理论与实践之间形成良性的互动。理论环境美学与应用环境美学的相互协作，可以对环境美学的方方面面进行整合，这也是未来环境美学应该走的回归应用的必由道路。

第二个取向是环境美学的“生态化”：从生物论到“文化生态学”的美学。

与卡尔松从学术史的角度回顾“环境美学史”不同，美国美学家伯林特在本次世界美学大会上回顾了环境美学发展的逻辑秩序：环境—美学—环境美学—生态学美学。按照这种理解，环境美学最初是来自对环境问题的反思，进而从美学的视角加以思考，从而形成了环境美学的思潮。但是，这种思潮发展到此还没有止步，其最高的境界乃是生态学美学。在这种高级的美学形态中，对于生态的理解可谓带来了一种观念的革命。这是由于，当代的生态学概念已经摆脱了生物学的意义，从而成为可以用以理解人类与其文化环境关系的基本概念，这便构成一种新型的文化生态学。从这种视角来重思人类生活，其研究视野，早已超出了传统的生物和地理意义上的自然，而更为关注与人们的生活息息相关的“人类生态系统”。如此一来，生态学强调的有机体依赖于生态系统的基本模式，同样适用于人类有机体，由此可以认定，作为自然存在的人类与自然中的其他部分是处于连续性当中的，这无疑是一种更接近东方智慧的观点。

所以，文化生态学被赋予了更广阔的理解尺度，因为它不仅意味着一种包罗万象的“环境语境”，无论有机的、无机的要素，社会的、文化的要素，都相互依存，彼此互动，从而形成了一种持续的平衡与平衡的持续。可见，生态学美学的核心就是审美生态学的问题，在人们连续地体验环境，并且体验着环境的连续性的时候，这种“环境的语境性”的知觉体验就具有了审美的交互性质。因此，文化生态学与美学的联姻

当今的环境美学愈来愈走向实用化、生态化与生活化。

使我们既可以把环境系统理解为生态概念，也可以将在这种生态系统中的体验理解为“知觉融合”，而这种融合从根本上来说就是一种“审美融合”或者“审美介入”。

第三个取向则是环境美学的“社会化”：从日常生活到“社会”的美学。

只要环境美学融入生活美学当中，而生活必然是社会化的生活，那么，环境美学就必然要展现出其“社会性的维度”。正如齐藤百合子在她 2007 年的著作《日常美学》中所承认的那样：“无论我们是否意识到，当我们面对日常事物、处理诸多审美问题的时候，就会出现许多重要的支流：道德的、社会的、政治的或者环境的问题。”[1] 当然，这种狭义的“生活美学”主要还是作为环境美学的延伸而存在的，正如我在世界美学大会上与美国环境美学家阿诺德·伯林特对话时，他也认为，自己新近所提出的“社会美学”就是日常生活美学的一种延伸。沿着这种思路，的确有许多环境美学家继续提出诸如“环境的审美政治学”这样的新问题。

按照这种理解，美学不仅要面对艺术与自然的问题，而且本身也是关乎人类的社会性的。根本的理由就在于，环境不仅仅是“自然的”也是“社会的”，审美过程亦同时介入自然界与社会界中。所以，审美经验就要一反康德传统那种“非功利”“无目的的合目的性”的基本规定，一反审美走向纯化与艺术走向自律从而与道德基本绝缘的传统，反而要强调，审美本身就是具有伦理性和政治性的。所以说，作为最复杂的“生态系统”，环境本身除去其物理与生物的基础条件之外，社会的、文化的、政治的、法律的和经济的要素必然参与其中，而美学本身在其中也要扮演评判标准与满足宣传这两个重要角色。

总而言之，在第 18 届世界美学大会上，以及在新近的环境美学发展趋势当中，我们看到了环境美学发展的三个重要的新方向，但归纳起来，这几个方向是根本一致的，那就是走向“生活美学”。当代环境美学家们正在形成某种共识，他们共同关注的主题几乎都是环境美学的“生活化”问题，无论他们所走的是应用的途径还是理论的道路。

那么，为何环境美学最终要融入生活美学当中呢？根本的理由，就在于“审美尺度”已成为环境与生活的共通标准。按照伯林特的理解，审美不仅可以成为衡量环境优劣的高级标准，而且可以成为衡量我们日常生活质量的中心标志。

---

1 Yutiko Saito, *Everyday Aesthetics*, Oxford University Press, 2007, p. 2.

# 大自然中的一切皆美吗？

从对“自然美”的初步肯定，“自然美学”很容易走向一个极端，就是所谓的“肯定美学”（Positive Aesthetics）。这就引发了相当大的争议，从西方到中国都是如此。我们就来讨论这样一种观点——大自然中的一切都是美的吗？

所谓“肯定美学”，就是不否定的美学，它肯定了自然当中的一切都是美的。这种美学以一种“自然全美”的姿态出现，在整体上具有一种试图否定自然内存在的人化因素的倾向，从而在环境美学的星丛当中“独树一帜”。实际上，这种美学应该说是一种“无人的美学”，以自然为绝对中心而毫不考虑人化因素的极端美学。

一言以蔽之，所谓的“肯定美学”，就是认定“全部自然皆美”的美学，或者说，“就本质而言，一切自然物在审美上都是有价值的”[1]。这里面，关键还在于“就本质而言”的这种限定，这就意味着，诸如艾伦·卡尔松这样的持肯定美学观的美学家，并没有肯定现在我们所面对的自然全是美的，而是从一种“回复性”的角度来看待问题的。

从正面来说，自然在其本来的意义上都是美的，如果我们现在觉察到自然的“非美”的性质，那么这恰恰不是自然本身具有的，而是“人为”所致，这就是从负面来规定的。这就需要为肯定美学家们做一点辩护：他们并没有从“量”的角度肯定一切自然皆美，而更倾向于从“质”的角度来加以规定。而且，这种规定乃是反对按照人化的任何观念来“触犯”自然的。如此被人化的自然，那就不可能被纳入美的范围之内了。

---

1 C. f. Allen Carlson, *The Aesthetics of Landscape*, Belhaven Press, 1991, chapter 1.

当代意义上的“自然美学”的出场，其背后仍有“环境伦理学”的要素在起作用，学者们在肯定了“自然美”乃至“自然全美”的同时，实际上也赋予了审美者一种主动去“保护生态”的道德责任。

于是，“肯定美学”的结论便是，基本上可以“肯定”的是自然的适宜的或正确的审美鉴赏，而“否定”的审美判断则寥寥乃至为零，所以，这里所说的审美价值为“积极的审美价值”。恰恰由于自然的审美价值只是“积极”而无“消极”，所以由此衍生的美学，才对自然采取“全面肯定”的立场。

卡尔松的“肯定美学”，曾被归纳为四个主题，如今看来这种归纳还是相对准确的：

（1）“本质性美的主题”：原初自然在本质上是具有积极审美特质的。

（2）“无否定判断主题”：关于自然的否定性审美判断是不适宜的。

（3）“平等审美价值主题”：所有的自然美都平等地具有审美价值。

（4）“完美审美主题”：自然具有最大化的审美价值。[1]

从逻辑关联上说，第一主题只是个逻辑起点，后三个主题是其推演：第二主题是从否定的方面论述的（既然已经肯定，那就没有否定），第三主题是就自然物之间的比较而言（既然全美，那就没有等级，这近似庄子所说的“齐物论”），第四主题的“最大化”则把自然本身的审美性推到了极致（自然本身不仅是美的，而且更是完美的），四个主题的内在关联从起点走向了高处。

当然，这种“自然全美”的极端观点有待商榷，而且必须商榷，特别是其背后所隐藏的那种“科学主义化”的视角值得被怀疑。

与卡尔松所宣称的“自然全美”说看似迥异，罗尔斯顿在其重要学术著作《环境伦理学：大自然的价值以及人对大自然的义务》中提出质疑：“大自然中的一切都是美的吗？”[2] 显然，这位伦理学家的回答是

1 Ned Hettinger, *Allen Carlson's Environmental Aesthetics and the Protection of the Environment*, Environmental Ethics, 27 (2005): 27.

2 霍尔姆斯·罗尔斯顿 III：《环境伦理学：大自然的价值以及人对大自然的义务》，杨通进译，北京：中国社会科学出版社 2000 年版，第 322—324 页。

否定的，他并不赞同美学家那种“审美泛化”的视角，但是，他认为随着自然物的腐烂而重归循环系统，生态系统中“自然之丑”是可以得到转化的。

按照卡尔松的观点，所有的“原始自然”就本质而言皆具有审美价值，自然物全部具有审美价值，这种价值还是“积极的”，那么，之所以产生了“消极的”自然丑，那也是人为参与自然的负面结果。相反，罗尔斯顿则倾向认为，并不是自然的每一个部分，都毫无例外地拥有积极的审美价值，然而，他至少接受这样一点，那就是自然物在“本质上”拥有这种价值，诸如面对自然的崇高（也就是康德所谓的“数学的崇高”而非“力学的崇高”），大自然就把许多丑的要素融入“崇高之美”当中。必须补充说明，罗尔斯顿的从“本质上”看与卡尔松的“就本质而言”并不同义，后者给出的是个“全称判断”（所有自然物本“是”如此），前者则倾向于给出“价值判断”（所有自然物本“应”如此）。二者虽然接近但不可混淆。

进而，罗尔斯顿还是与卡尔松划清了界限，他认定“自然皆美”不符合事实，因为“从某种意义上来说，大自然不会失误，因为它并不站在审美意向上对任何事物加以评判。……但是，在另外的意义上，大自然似乎又经常地，甚至处处都在失败。有机体和生态系统都可被毁灭掉。作为那种认为大地上的所有自然物都具有积极的审美价值的观点的一个反证，首先，我们要指出风景带中各种不同事物（即有机体）的美感属性；其次，我们要考虑生态过程的美感属性；第三，我们要进而考察整个生态系统的美感属性”。[1]

由此可见，与卡尔松囿于审美视野不同，罗尔斯顿的视野更为广阔，他站到了自然整体进化的高度，并不拘泥于个别时空当中具体的美

1 霍尔姆斯·罗尔斯顿 III：《环境伦理学：大自然的价值以及人对大自然的义务》，杨通进译，北京：中国社会科学出版社 2000 年版，第 324 页。

丑现象，而是放眼整个生态系统的进化，并持一种乐观主义的立场：

> 在漫长的自然史中，建设性力量对破坏性力量的征服才是进化的基调；对人的审美能力而言，这一基本的进化基调是至关重要的；它创造出来那些具有美感属性的事物，当人类产生并发现这些事物时，他们就由此产生了一种积极的审美体验。[1]

实际上，无论是罗尔斯顿的环境伦理思想还是环境审美思想，都建基于一种“生态整体主义”的观念之上，关注的是非人类的“自然实体”和“整体自然”的全然内在价值。

然而，罗尔斯顿的基本环境观念充满了一种西方的“荒野意识”。在本书的开头，从“中国最美的地方”评选这个具有争议性的例子开始谈起，就是为了说明，中国主流传统并不符合“走向荒野”的西化模式。这意味着，此类“荒野模式”对中国而言，其实是个舶来品，这在罗尔斯顿那里得到了充分论证，因为他的基本主张就是哲学“走向荒野”，由此推论，伦理学和美学皆要走向“荒野”。就美学而论，他也呼吁：“美学正走向荒野，脱离了文明化的控制，脱离了人类的轨道！”[2]

作为环境伦理学家的罗尔斯顿，也始终关注环境美学问题，在《哲学走向荒野》中论述到“审美价值”[3]，在《环境伦理学：大自然的价值

---

1　霍尔姆斯·罗尔斯顿 III:《环境伦理学：大自然的价值以及人对大自然的义务》，杨通进译，北京：中国社会科学出版社 2000 年版，第 333 页。

2　霍尔姆斯·罗尔斯顿 III:《 从美到责任：自然的美学与环境伦理学》，引自阿诺德·伯林特主编:《环境与艺术：环境美学的多维视角》，刘悦笛等译，重庆：重庆出版社 2007 年版，第 153 页。

3　霍尔姆斯·罗尔斯顿 III:《哲学走向荒野》，刘耳、叶平译，长春：吉林人民出版社 2000 年版，第 132—136 页。

“生态整体主义”强调把生态系统的整体利益而非人类自身利益作为最高价值。

以及人对大自然的义务》中也不忘“对自然的审美评价”[1]。他最重要的一篇环境美学论文应该是《从美到责任：自然的美学与环境伦理学》，收入伯林特 2002 年主编的重要环境美学文集《环境与艺术：环境美学的多维视角》，[2] 后来被选入卡尔松与茜拉·林托特（Sheila Lintott）2008 年主编的文集《自然、美学与环境主义：从美到责任》。[3]

请注意，这本文集的副标题干脆就使用了罗尔斯顿论文的主标题，足见此文在环境美学史上所占据的重要地位。当然，罗尔斯顿的其他美学论文还有《森林里的审美经验》《从 18 世纪到如今的景观》《天空的美学》《沼泽里的美学》《美与动物》等等[4]，此外，还有一系列的重要演讲，都关乎自然审美的话题，从天空、大地到动物，都可以被纳入审美疆域。

除了《从美到责任：自然的美学与环境伦理学》这篇经典论文之

1　霍尔姆斯·罗尔斯顿 III：《环境伦理学：大自然的价值以及人对大自然的义务》，杨通进译，北京：中国社会科学出版社 2000 年版，第 316—333 页。

2　Holmes Rolston III, “From Beauty to Duty: Aesthetics of Nature and Environmental Ethics”, in Arnold Berleant, ed., *Environment and the Arts: Perspectives on Environmental Aesthetics*, Aldershot, Hampshire and Burlington, VT: UK: Ashgate Publishing, 2002, pp. 127-141.

3　Holmes Rolston III, “From Beauty to Duty: Aesthetics of Nature and Environmental Ethics”, reprinted in Allen Carlson and Sheila Lintott, eds., *Nature, Aesthetics, and Environmentalism: From Beauty to Duty* (New York: Columbia University Press, 2008), pp. 325-338.

4　Holmes Rolston III, *Aesthetic Experience in Forests*, Journal of Aesthetics and Art Criticism 56(1998), pp. 157-166; *Landscape from Eighteenth Century to the Present*, in Michael Kelly, ed., Encyclopedia of Aesthetics, Volume 3, New York: Oxford University Press, 1998, pp. 93-99; *Celestial Aesthetics: Over our Heads and/or in our Heads*, in Theology and Science 9(2011), pp. 273-285;*Aesthetics in the Swamps,* in Perspectives in Biology and Medicine (University of Chicago; Johns Hopkins University) 43(2000), pp. 584-597; *Beauty and the Beast: Aesthetic Appreciation of Wildlife*, in Daniel J. Decker and Gary R. Goff, Valuing Wildlife Resources: Economic and Social Perspectives, Boulder, CO: Westview Press, 1987, pp. 187-207.

在对沙漠的审美当中，科学要素到底是必要条件还是充分条件？

外，《景观的审美需要科学基石吗》这篇论文也很重要[1]，因为它在某种意义上揭示了罗尔斯顿环境美学的基本立场。罗尔斯顿以沙漠审美为例而认定，自然史上的科学欣赏，对于诸如沙漠这样的自然的审美欣赏而言，那是必要的，但不是充分的。因为参与沙漠欣赏的那种多感官的介入性，使得对自然的审美欣赏全然不同于对艺术的欣赏，沙漠给人带来的那种崇高感也是包含着恐惧的，这些都超出了科学欣赏本身。这就意味着，科学知识对于审美欣赏而言，只是必要条件，而非充分条件。然而，对于卡尔松而言，几乎成为某种充分条件了，审美欣赏必须以某种科学模式作为基础。

如果说，卡尔松的"肯定美学"展现出来的是某种"强势科学主义"的话，那么，罗尔斯顿则持一种"温和的科学主义"观念，但无论如何，他们走的都是西方式的科学主义道路。

无论是环境伦理学家还是环境美学家，他们所走的都是一条西方的环境道路，这就需要我们立足本土来加以反思：这样做具有人类普遍性吗？全球都适用吗？

---

1 Holmes Rolston III, *Does Aesthetic Appreciation of Landscapes Need to be Science-Based?,* in British Journal of Aesthetics 35(1995), pp. 374-386; *Does Aesthetic Appreciation of Landscapes Need to be Science-Based?*, in Yrjö Sepänmaa, Liisa Heikkilä-Palo and Virpi Kaukio, eds., Maiseman kanssa kasvokkain (Looking toward the Landscape), Helsinki: Maahenki Oy, 2007, pp. 81-91.

# 如何看待自然存在的丑?

谈到自然之美，必然面对一个相对的难题：如何看待自然之丑？这个丑，其实并不是与美相对而言的“狭义的丑”，而是自然本身遭到破坏的“广义的丑”。

无疑，卡尔松代表了一种极端的意见，自然本身无丑可言：“自然当中的一切事物，所有的自然（特别是荒野的自然），皆具有审美意义上的美，丑仅仅存在于自然被人类污染之处。”[1] 所以，对自然进行丑的判断，那是不正确、不合适的。

那么，自然当中到底有没有丑呢？这就关乎人与自然的关联，我们要从这个根本的地方，来思考自然之丑到底是从哪里来的？自然的“丑的机制”究竟是如何形成的？

有一幅漫画给人诸多启示，画的是人从海洋当中逐渐进化，从海洋动物、两栖动物、爬行动物到类人猿，但当进化成人类之后，人类又开始向海洋当中倾倒垃圾了。只是人类倾倒垃圾的这个海洋，已不是当初人类起源的那个海洋了，人类只是寒武纪生物大爆发后生物进化加速的产物。我也常听闻生态主义者们感叹：大海之变酸已不可逆了，而且普遍表现出某种心存忧虑的悲观情绪，如此所见的自然大概就更有“丑意”。

从进化的角度看，脱胎于自然的人类，在面对强大的自然束手无策而只能顺从时，会心存恐惧而不可能有欣赏之意，那时的自然只能是审丑的对象。但随着人类对自然的逐步改造，自然不再成为对立者，自

1 Allen Carlson, *The Aesthetics of Landscape*, Belhaven Press, 1991, p. 35.

坑坑洼洼的自然曾被西方人视为“地球脸上的疣子和麻子”，后来则被纳入审美视野范围了。

然才可能逐渐成为人类的审美对象。当然，即使在今天人们面对自然获得的“崇高感”中，仍然潜伏着面临自然威胁的恐惧要素，但是自然已与人类形成了新型关系，特别是在工业革命之后，人类对自然的改造取代了人类与自然的对抗。

这两种自然——人类未能“化”的自然与人类所能“化”的自然——由此便形成了不同的所谓“自然—情感”（nature-emotion）关联。按照罗尔斯顿的划分，这种情感也可以分为两类，一类就是“与自然非连续的情感”，此时我们面对的是“反抗与害怕的自然”，直面自然的一种丑感，也由此而生。

马乔里·霍普·尼科尔森（Marjorie Hope Nicolson）在她有关自然欣赏史的经典名著《山岳忧愁、山岳壮丽》的开篇评论中明言：

> 对拜伦笔下的恰尔德·哈洛尔德来说，“高山是一种感情”。我们乐于赞同并相信：我们在面对壮丽的自然时所感觉到的情感——或被期望感觉的——是世界性的，它们一直被人们共同分享着。然而，对维吉尔或贺拉斯，对但丁、莎士比亚或米尔顿……来说，高山并不是“一种感情”。如今，当旅行……同义于……华盛顿山或胡德峰、落基山脉、西亚拉山区、布朗峰、圣母峰、阿尔卑斯山或比利牛斯山脉，我们便确信我们的感情是人类永恒的东西。我们不问它们是否真实或者什么程度上源自我们读过的诗歌和小说、看过的风景画、继承的思维方式。正如每个年龄段的人们，我们在大自然中看到我们被教育去寻求的东西，我们在自然中感到我们被培养去感觉的东西。[1]

这段《山岳忧愁、山岳壮丽》的开篇的话，说得非常到位，其实不只“高山是一种情感”，整个自然也是一种情感。这样说是什么意思呢？

这就好似中国人讲求“夫神思方运，万涂竞萌，规矩虚位，刻镂无形。登山则情满于山，观海则意溢于海，我才之多少，将与风云而并驱矣”（刘勰《文心雕龙·神思》）。“登山则情满于山”，不就是说山也有“情”吗？而且，登山人随山而“宛转”，山随人而“徘徊”，从而使人与自然得以合一。如此一来，“在大自然中看到我们被教育去寻求的东西”和“感到我们被培养去感觉的东西”是什么，结果也就昭然若揭了。

有趣的是，这样壮丽的欧美山川，却曾经被视为相当丑的。在这个序言之后，根据尼科尔森的记录，人们在对待“崇高自然”的时候，尤

1 Marjorie Hope Nicolson, *Mountain Gloom and Mountain Glory: The Development of the Aesthetics of the Infinite*, Cornell University Press, 1959, p. 1.

"登山则情满于山"，高山对于人类而言成为一种自然情感的载体。

其是对待山峦，曾经一度采取了消极的审美态度。这个态度被称为"山岳忧愁"（Mountain Gloom），在这种审美视野当中，山峦被看作"自然的羞愧和病态""水疱""肿瘤""地球脸上的疣子和麻子"。不信，你也可以试试，用这种消极的眼光去观照自然，冰川运动切割山川，难道不是留在地球表面上的伤疤吗？

然而，在欧美文化内部，在一个非常短暂的时期之后，实现了一种对自然评价的转变，也就是从"山岳忧愁"转变为"山岳壮丽"

（Mountain Glory）。这个所谓的壮丽，就可以归于崇高的范畴，但不是那种道德意义上的崇高，而是直面自然之伟大意义上的崇高。从这种审美视角出发，人们就开始把山峦看作“宏伟壮丽的”“地球上最庄严、最雄伟的事物”！

当今最重要的环境伦理学家罗尔斯顿曾在一次国际环境主题的会议上，针对中国自然美学观，尖锐地对我提问。他所追问的中国景观之“丑”的问题，就直接涉及该如何应对人与自然的关系。

罗尔斯顿质疑中国景观：“黄河吞噬的生命数量超过了地球上的任何一条河流。人们付诸了数千年的努力来治理这些河流。对中国而言，这些河流是否具有美学的品质？”[1]事实上，黄河长久以来难被驯服，黄河决口有时不仅是天灾也是人祸，但这也不妨碍炎黄子孙生发“黄河之水天上来”的美感。

另一类则是“与自然连续的情感”，这种情感所融入的自然，就是“我们拥抱和热爱的自然”，那么，“在家的感觉”就首屈一指，倾向于温和的丰富美感的大量出现。罗尔斯顿进而追问：“美国常指定、评选出一些‘自然风景河流’。而对于中国的河流而言，是否其野性程度越低（如建立堤坝管理河流），审美价值越高？三峡大坝的建设是否造成了景观美学品质的下降？或者它造成了审美感知的变化，由河流之美转变为湖泊之美？”[2]的确，“高峡出平湖”的美感更多是中国人对自然的“控制之美”，而美国人所推重的河流更符合“荒野之美”，这种差异各有传统。

那么，中国人常说的“洪水猛兽”，是否就意味着丑？有趣的是，

1 霍尔姆斯·罗尔斯顿 III：《环境美学：东方与西方的对话》，《应用伦理评论》总第 60 期，2016 年 4 月号。

2 霍尔姆斯·罗尔斯顿 III：《环境美学：东方与西方的对话》，《应用伦理评论》总第 60 期，2016 年 4 月号。

人类与自然之间的相互进退构成了环境的历史，但是总体来看还是人进而自然退。

为证明自己的观点，罗尔斯顿还引用了《孟子·滕文公下》的经典论述：

> 当尧之时，水逆行，泛滥于中国，蛇龙居之，民无所定；下者为巢，上者为营窟。《书》曰：'洚水警余。'洚水者，洪水也。使禹治之。禹掘地而注之海，驱蛇龙而放之菹；水由地中行，江、淮、河、汉是也。险阻既远，鸟兽之害人者消，然后人得平土而居之……周公相武王诛纣，伐奄三年讨其君，驱飞廉于海隅而戮之，灭国者五十，驱虎豹犀象而远之，天下大悦。

这位西方环境哲学家引用"当尧之时"这一段，聚焦于动物与人类的进退关系（人越进而动物越退），令人想起汉学家伊懋可所写的关于中国环境史的重要著作《大象之退却：中国环境史》[1]。

这本环境史著作很有趣，我们知道大象原本在中原地区大量存在，就像我们今天经常用的一个词——"想象"。何为想象？想象往往是不在眼前却可以"想"出来的，正如大象已不在中原，但是可以去想那个"象"。如今，大象在中国大陆只是栖息在西双版纳地区很小一部分区域，那么从被驱逐出中原到偏居一隅，到底是什么原因呢？当然有人为的捕杀与耕作的因素，但与此同时，环境的因素更值得考量，这需要综合的考虑。

罗尔斯顿本人更倾向于要恢复到当初，也就是尚未被人化的那个自然中去，因为中国人热爱他们居住的景观。问题是，人类回到"原初的自然"是否可能？即使人类回得去，自然也早已不是那时的自然，诸多稀有物种包括珍禽走兽在今天面临绝迹的危险。

---

1 Mark Elvin, *The Retreat of the Elephants: An Environmental History of China*, Yale University Press, 2004.

人类的文明发展史，也是与水相互斗争、彼此交融的历史。

这位美国环境伦理学家指出：

> 中国广袤的土地承载了7500余种野生物种繁衍生息，是除地处热带的国家以外生物多样性程度最高的国家。但野生生物面临着中国庞大的人口带来的压力。至少840种动物的生存受到威胁，栖息地的破坏及污染，因食材、药材、装饰等用途而被非法捕猎……大型的肉食动物变得十分罕见。也许类似当时孟子驱逐这些危险动物的行为在如今只会使中国的景观变得更加丑陋。如果我居住的洛基山中没有了山狮、熊和狼，它将不再如从前那么美丽，即使人们发现与野生动物生活在一起是十分具有挑战的。[1]

孟子引用《尚书》“洚水警余”，就是说洪水在警告人们，那时的洪水与人类形成了紧张的关系。在尧的时代，洪水在中原四处泛滥，大地成为蛇龙居所，当时的人类无法安居乐业。到了大禹治水的年代，河道疏通，洪水排入大海，蛇龙被驱归沼泽，当洪水沿着河道而下的时候，中国人才逐渐掌握了主动权，这就是长江、淮河、黄河、汉水形成的背景，这种描述大致概括出中国早期环境史。

问题就在于，中原地区以农耕文明为主调，大禹治水只是中国人面对水系的第一次大型“人为调整”，随着与江河湖海的对抗与调和，四千年来的中原大地几乎成了“熟土”，很少有像罗尔斯顿所居住的卡罗拉多州的那种荒野了。反过来也要看到，当罗尔斯顿劝我去美国西部观看野牛、野熊等大型哺乳动物之美的时候，我也想反驳说：这些大型哺乳动物都是从欧亚大陆板块迁居到北美的，原来北美最大的动物就是羊驼。

美国式的环境伦理就源自“新大陆”，比如罗尔斯顿本人的许多自

---

1 霍尔姆斯·罗尔斯顿III：《环境美学：东方与西方的对话》，《应用伦理评论》总第60期，2016年4月号。

然观念与情感，皆来自他对所居住的美国中部落基山脉的天地自然的反思与感受，那里荒野丛生的格局与大陆中原地区的局面不同：当水害在大禹时代消解时，害人的鸟兽就消失了，在树上搭巢的低地人、挖洞而居的高地人，都来到平原地区居住，中国人对于自然的改造，实在是太早了。

还有一个审美与道德的矛盾问题。直至今日，自然灾害，从纯形式的角度看可能很美，也可能很丑（比如日本福岛海啸给民居地区带来的混乱），却并不符合人类伦理规范，因为即使再美也是以戕害人为前提的。酸雨的污染，造成雨雾时的红色天空；雾霾的污染，造成城市景观的朦胧化；水源的污染，造成河水出现蓝藻……它们都具有一定的审美形式，却是丑的，只能给出负面的评价。因为这种自然被“染色”，不同于九寨沟的矿物质湖的五色与黄石公园的地热的五彩。即使伦敦作为雾都，在印象派画作当中被呈现，也不能从唯美角度出发，拒绝伦理的判定。

这不禁令人想起，西方美学当中也有“审美距离说”，美学家布洛（Edward Bullongh）在提出这一命题时所举的例子就是冰山：当大家乘船赞美冰山多么多么美时，有人道明我们马上就要撞上冰山，所有人立刻都丧失了审美感受，因为这时的冰山已然成为人类的可能戕害者。这个说法来自20世纪早期，因为布洛的成名作，就是发表于1912年英国心理学杂志的《作为艺术的一个要素与美学原理的“心理距离”》一文。

最近的消息乃是来自2020年12月20日，号称“西藏冒险王”的王相军，他在攀登西藏那曲嘉黎县的依嘎冰川时，不幸失足落入冰川暗河中失踪，后来经过搜寻才发现了他的尸体。他先后去过萨普神山、梅里雪山、来古冰川、布加雪山等70余座冰川，被粉丝们誉为“冰川哥”，据说他跨入冰川之内的暗河，是为了拍摄更美的冰川景致。

所以说，既要适度地融入自然，又要与自然保持一定的“审美距离”，这个尺度还是要把握好的，否则与自然相交的实用性就要压倒审美性，毕竟生命只有一次，尽管审美乃是生命所追求的高境。

# 西方荒野模式何以衰落？

当我们走向一种新的生态智慧（eco-wisdom）的时候，实际上，不同文化的差异性就要被考虑进去。西方哲学家的理论建构往往自觉抑或不自觉陷入普遍主义的藩篱，似乎西方的标准就是普遍的标准，而且往往打着科学的旗号！

"深层生态学"提出者、挪威哲学家阿伦·奈斯（Arne Naess）最早倡导人们把自身塑造为"生态的自我"（ecological self/ego）。这个深层生态学视野下所谓"生态的自我"，可以被归纳出如下的核心内涵：

> （1）生态自我是一种广泛的、开阔的或场类意义的自我，它最终包括所有生命形式、生态系统和地球本身。
>
> （2）生态自我参与自然的经验：
>
> （a）与其他生命形式的情感共鸣；
>
> （b）与其他生命形式相似、有关或相同的感觉；
>
> （c）自发地像对待自己的小我那样对待生态圈（用培育和保护的方式）。
>
> （3）可以把自我意识由个人扩展到生态。[1]

同时，奈斯在关注"深度生态运动"与文化多样性的关联之时，还从文化人类学的新视角提出了"文化差异深度"（depth of cultural

---

1 E. A. Bragg, *Towards Ecological Self: Deep Ecology Meets Constructionist Self-theory*, in Journal of Environmental Psychology, 16 (1996), p.95.

如何在自然生态当中形成“生态的自我”，乃是深度生态学的核心问题。

differences）的问题：“如果在生活形式多样性的直觉价值之下，我们接受了人类文化的多样性，那么，‘深度’这一形容就是适宜的。”[1]

这就意味着，在如今西方学界倡导“深度生态”运动及其践行的同时，还要关注到“文化的深度”，这就需要将生态问题置于“文化多样性”的广阔视野之内，因为毕竟前者是以西方文明为主导的，当这种走向环境、走向荒野、走向生态的西学得以东渐之时，就必须考虑到对东方文明的适用性问题。

通过上面的东西方文明的比较，一个整体的差异可以得见，那就是西方文明是经历了工业化之后，在后工业革命阶段走出了生态运动之路，但是，东方文明以及亚细亚文明，对待自然本身就处于未割裂的传统之中，那种“民胞物与”的思维定式仍然存在，这也是由农业文明的深厚根基造就的。

从历史来看，最早被发现的“自然”，应该是从农业文明阶段开始的，由此形成两种基本的“发现自然”模式。前面已经说明了，第一种就是农业文明内部的发现自然模式，这可以以中国文化传统为东方代表；第二种则是工业文明内部的“发现自然”模式，这可以以欧洲古典文化传统为代表。

从这两种“发现模式”出发，我们可以看到现代人对待自然的两种态度。第一种是“家园意识”，第二种则是“处所意识”。在农业文明时代所生发出来的“自然美”，更多的是“家园意识”的产物，因为人与自然本身处于一种和谐的关系当中。这种家园意识是德国诗人荷尔德林较早提出的，后来在德国哲学大家海德格尔那里得以拓展，他们都强调最终获得一种“诗意的栖居”。

然而，到了工业文明时代以后，直至今日，人们所发现的自然美

1 Arne Naess, *The Ecology of Wisdom: Writings by Arne Naess, edited by Alan Drengson and Bill Devall*, Counterpoint, 2008, p. 122.

更多地与“处所意识”相关，因为这时的人们已经无法回到农业文明的那种自然状态里面去了，自然更多是作为生存的“处所”而存在的。现代人之所以喜爱到荒原里面去游走，就是出于对一种“陌生化”的处所的钟爱。当今环境伦理学“走向荒野”模式，也是在这种语境下出现的，它阻隔了农业文明那种人与自然的相互融合，而是来自一种对于“荒野”的复归，但此时的荒野已不是原初自然了，它很大程度上已经被广义地“人化”了。

所以说，还是通过我们的“生活世界”来理解自然。在自然当中的人也是在过一种生活，就像乔恩·科莱考尔（Jon Krakauer）1998年的小说《荒野生存》所描绘的那个真实事件，克里斯多弗舍弃文化世界纵身投入阿拉斯加州的茫茫荒野中，但他那种回归自然的生活也是一种人类生活。结果在四个月后，人们在偏僻的野营地的废弃公共汽车上发现了主人公的尸体。

因而，与自然一道生活，那是要弥合文化与自然、城市与荒野的界限的，“自然在我们的生活世界里被我们的活动揭示出来……我们同自然一起生活”，因为：

> 人类世界是一个意义的整体，而不是无名的物理实体的集合。我们想强调的是生活世界中的“人性”。差别（如文明与自然）和分类（如荒野和城市）都起源于人的利益。……对我们来说……这已经成了一种“人化”的自然形式。……人类的生活世界是综合的、多层的，在性质上是一个多面的整体。[1]

1 阿托·汉佩拉：《艺术与自然：艺术作品与自然现象的相互影响》，引自阿诺德·伯林特主编：《环境与艺术：环境美学的多维视角》，刘悦笛等译，重庆：重庆出版社2007年版，第66页。

荒野生存无疑对人类是一种考验，但也是一种人类与自然的彻底融入。

然而，罗尔斯顿仍倾向执自然与文化的两端，他曾经给出了一个所谓“自然—文化”的椭圆形结构[1]：

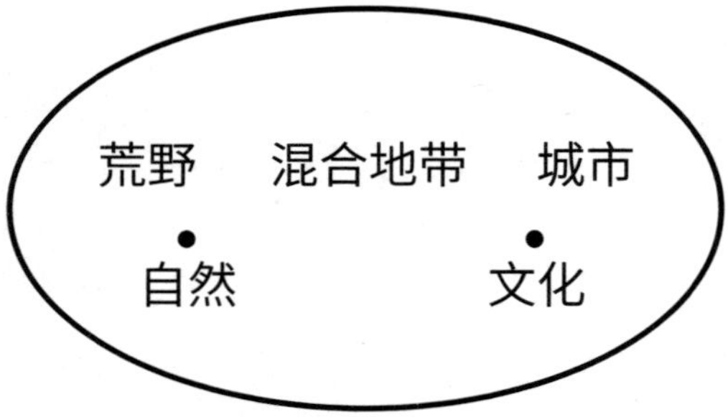


这个结构，也被罗尔斯顿称为“三维人”（Three Dimensional Persons），因为人类的生活无非从城市、乡村到荒野。在这个椭圆形结构当中，自然与文化、荒野与城市构成了两端，中间充满了大量的混合地带，“环境伦理学不仅是关于荒野的，而且是源于在景观里的人的，人类既栖居在文化中，也栖居在自然之中”[2]。

人类生存的某些区域，或者以文化为主，或者以自然为主，或者以二者的混合为主。这也被罗尔斯顿比喻为一个“同心圆”，人类活动在这个三维人的椭圆形结构中也好似在平静的湖水中投下一枚石子，由此形成了向外逐层扩张的同心圆。按照这种推演逻辑，从个体可以走向社群，从城市可以走向乡村，从乡村可以走向荒野。

这不禁令人想起中国社会学家费孝通所专论的中国人的“差序格

1　霍尔姆斯·罗尔斯顿 III:《环境伦理学：大自然的价值以及人对大自然的义务》，杨通进译，北京：中国社会科学出版社 2000 年版，第 452 页。

2　Holmes Rolston III, *A New Environmental Ethics: The Next Millennium for Life on Earth*, Routledge, 2012, p. 47.

局”：“以己为中心，像石子一般投入水中，和别人所联系成的社会关系，不像团体中的分子一般大家立在一个平面上的，而是像水的波纹一般，一圈圈推出去，愈推愈远，也愈推愈薄。”[1] 但这种结构，并不同于儒家那种“身—家—国—天下”的等级次序，因为儒家关注道德推演，而环境伦理学家则重视人与环境的关联。

问题就在于，罗尔斯顿仍然落入“自然—文化”二元论的旧局当中。然而，诸如段义孚这样的人文地理学家也反对“自然—文化”的西方二分法，并认为这种二元论在当今已经过时了。理由之一就在于这种二分法太绝对，也太过抽象，几乎总是导致等级的建立。

理由之二其实更为重要，也更为实际，就是在自然与文化之中，文化已经起到主导作用：

> 在当今这个时代，文化似乎胜过了自然。人类的足迹遍布全球，无所不至。广义的自然还包括地球熔融状的内核与遥远的星体，这些是我们人类还没有触及的。但是，人类已经开始探索它们了，也就是说它们是人类思想／文化的建构之物，过去如此，现在依然如此。现代人的生活中，文化无处不在，这与采集狩猎者十分相似……采集狩猎者几乎生活在一个没有任何自然概念的文化世界当中，彼此孤立又相互平等，行动时相互制约。但是，仍然存在着广义的自然，就像采集狩猎者的未知世界一样，这个自然是人类的思想、语言和图像所不能触及的。无论是我们触摸到的还是我们改造过的，无论是我们看到的还是我们想到的，统统记录在“文化”这一栏中，而另一栏“自然”中则什么内容也没有。

1 费孝通：《乡土中国》，北京：北京大学出版社 1998 年版，第 27 页。

荒野当中看似没有人的存在，但是对荒野的感受仍是“属人”的。人类对荒野的热

从这个意义上来讲，文化无所不在。[1]

如果说这种“反二元论”的观点是更为持平的，那么就可以得见，环境保护运动以来的反人类中心主义也在走向绝对、纯粹的自然中心抑或生态中心论，早已不再可能，因为整个人类环境早已被人化了，特别是工业化革命之后，这种人化过程其实在逐渐加速。尽管从飞机上看下去，看似大部分是人类未踏足的土地，但是，工业酸雾经过大气循环早就落到了世界的各个角落，就连珠穆朗玛峰也出现了人类垃圾处理的难题。

再以自然与文化的混合地带为例，比如城市中的绿化植被，它们中许多最初都经过温室培养，被用作绿化后也成长于城市热岛效应中，其实就是人化的自然物了。这就更不用说农村的“农业景观”的人化了，比如中国南方的梯田如今依然成为旅游风景，但在冬季梯田中的水是要抽干的，没有人工蓄水，这景观就难以维持。

我们再说说美国那些所谓生态主义者，当他们期待在黄石公园看到熊的时候，不要忘记，羊驼才是原产于美洲大陆的唯一大型动物，后来的物种都是迁徙而至，且 1988 年那场大火使得这里过火的森林都是新的，那些人为的森林火灾与消防扑灭，难道不也是人类对自然的干涉吗？在原初，自然闪电引发森林大火，那就只能任其蔓延从而进入生物圈的下一轮循环，而没有物种会主动灭灾，这个天灾之“灾”只是对人类而言的。

在此，我其实要说的是，西方那种“走向荒野”的环境主义模式（其背后是工业及其后工业文明的支撑），还不如中国的“天人交合”的模式更适宜（其背后曾是农业文明的支撑）人类的未来发展。按照中国

1　段义孚：《逃避主义》，周尚意、张春美译，新北：立绪文化事业有限公司 2006 年版，第 26—27 页。

模式，自然与文化的二分法并不准确，或者说，自然与文化在中国传统中从来不是二元对立项，而是相互交融的，这才是天人交合的真正含义。按照这种模式，无论是倾向于荒野还是倾向于人化，其实皆不足取也，还是采取阴阳平衡与动静和谐的立场更适合。

因此可以说，原本太注重人类中心利益的自然观早已过时，但如今走偏了的环境保护执着于彻底以生态自然作为中心，那也是矫枉过正。持弱人类中心主义 (weak anthropocentrism) 立场的罗尔斯顿所谓“走向荒野”模式就是其中最具代表性的一种，但这种荒野模式仅对美国“新大陆”而言是匹配的，对中国乃至欧洲这种“旧大陆”是否匹配却值得商榷，而且，它仍持一种以西方科学中心主义为立场的生态观。

当我们以中国思想作为基础，就可以建立一种“生活中心主义模式的生态观”，这种生态观并不是简单的人类中心主义，中国原典思想早就超越了人类中心论，从而形成一种与自然融合却又保持若即若离的关联的“天人学”。

在环境当中生活，进而形成亲和的关联，在西方学者的眼中，那就是爱自然：“对自然之爱，已经被确定为我们种族的天生特征……毕竟，大多数环境主义者遗赠给后代与邻居所分享的，就是这个自然是美的与自然慷慨赐予被延续的世界。”[1] 在中国学者的眼里，特别是在段义孚的东方感受当中，栖居者对于本土的那种归属感与家园感，可以被称为“恋地情结”( topophilia )[2],这种渴求来自人类世世代代对于生活环境的依赖与反哺，而在农业文明当中这种地缘情结显得尤为突出。

这种影响最初在地理学界，许多地理学人提出重建回归大地的生

---

1　Leslie Paul Thiele, *Environmentalism for a New Millennium: The Challenge of Coevolution*, Oxford University Press, 1999, p. 172.

2　Yi-Fu Duan, *Topophilia: A Study of Environmental Perception, Attitudes, and Values, Englewood Cliffs*, NJ: Prentice Hall, 1974.

爱乃是后发的，新石器时代以后人类才真正与自然互动起来。

活，提出了诸如“农业的整体性”（wholeness of agriculture）的观念及其实践。[1]如今，对于这种“属地”的家园感的追求，已经成了当今环境主义的重要诉求之一，只有形成了这种“恋地情结”，环境伦理与审美才能获得一种情感上的稳固根基。罗尔斯顿也不得不承认，当人们迷路的时候最能感受得到：

> 我们需要有一种最低限度的在家的感觉。我们的家园是靠文

1 Allison Hayes-Conroy, *Reconnecting Lives to the Land: An Agenda for Critical Dialogue, Madison*, NJ : Fairleigh Dickinson University Press, 2007, pp. 164-167.

化建成的场所，但需要补充的仍然是：这家园也有一种自然的基础，给我们一种自己属于周围这块土地的感觉。尽管我们努力维持着各种与外部世界的边界，我们的情感并不限于与外部世界分离的感情。[1]

所谓“在家的感觉”，就是恋地情结，“人类情感使我们能保护超拔于自然的自我，但更使我们适应于那超越我们的自然环境。这些情感是我们赖以生存的手段，但我们也有一部分人是愿意以这些感情作为自己生存的目的的”[2]。

难能可贵的是，罗尔斯顿近期集中关注到环境问题的东西方差异。2015 年夏季，从武汉大学首届环境美学与美丽中国会议到美国加州第 9 届生态文明国际论坛暨第 10 届国际怀特海大会上，我与罗尔斯顿多有争辩。罗尔斯顿对中国的环境问题给出了许多洞见：他质疑中国能保持城市、乡村与荒野的三维平衡吗？儒家天人和谐为何面对的是不和谐的环境？我们需要的是美丽中国，还是生态系统化的中国？这些都是引人深思的问题。

会上罗尔斯顿发言追问：为何中国有天人智慧，生态破坏却如此严重？我回应他，天人智慧当中，也有人并不只是寻求荒野之道。他针对我的回应发出质疑：中国环境能逃离全球语境吗？从太空看中国与他处有何差异？我回应，前者是全球地方主义，后者则并无文化多元问题。下午我主持会议时他又问中国公园为何无荒野？当时我回复是，中原地区的自然早已人化了，中国化的园林所求的境界并不是美国式的荒野。

---

1　霍尔姆斯・罗尔斯顿 III：《哲学走向荒野》，刘耳、叶平译，长春：吉林人民出版社 2000 年版，第 469 页。

2　霍尔姆斯・罗尔斯顿 III：《哲学走向荒野》，刘耳、叶平译，长春：吉林人民出版社 2000 年版，第 473—474 页。

尽管罗尔斯顿对东方多有误解，但是他敏锐地洞见出中西方的差异：

> 在西方，我们常常呼吁：拯救自然！但中国，比起拯救自然，你们更强调如何栖居于一种驯化的自然，使人与自然实现和谐统一（天人合一）。……中国人至少在理念上坚持将自然纳入景观的范畴，但同时又偏向于“人化的自然”（humanized nature）。……在西方，我一直在问：“人类是自然以外的存在，还是自然的一部分？”但中国人似乎根本不会去问这个问题。……如果是这样，那么你们拥有的某种西方不具有的文化因素促成了你们的世界观。人类非独立于自然的存在，而是自然的一部分。人与自然的概念并非从属于两种不同的本体论的范畴。[1]

的确，中国面对自然的传统方式，强调自然天地是按照“自然而然”的规律来运行的，但是一种深度的“人文意识”浸渍其间。

---

1　霍尔姆斯·罗尔斯顿 III：《环境美学：东方与西方的对话》，《应用伦理评论》总第 60 期，2016 年 4 月号。

# 环境伦理与美学的联姻

这本书主要是从审美的角度来看待自然与环境，这还远远不够。自然科学与环境科学乃是解决“真”的问题，自然伦理学与环境伦理学则是解决“善”的问题，而自然美学与环境美学就是解决“美”的问题了。其中，美与善的关联，要比美与真的关联来得更为紧迫。还要处理的一个问题，就是环境伦理学与环境美学的关联，这就要建构一种崭新的“伦理—审美观”抑或“审美—伦理观”。

这在罗尔斯顿的那篇经典论文《从美到责任：自然的美学与环境伦理学》里面就曾集中论述，不过罗尔斯顿把伦理学先简化为责任问题，把美学问题也还原为美的问题，而且他那时聚焦的是自然美学而非环境美学，因为环境美学的研究对象也基本可以划分为自然环境与人工环境，此文所指的是前者。

在罗尔斯顿这位伦理学家看来，环境伦理学与环境美学当中的某些价值问题是至关重要的，因为它们经常是相关的：如果美，那么就拥有责任（但问题是艺术与自然当中的逻辑并不同）；但可以反过来说：如果没有美，就没有责任吗？（但问题是并不是所有的责任都与美相关）相较于审美经验，其他许多前提同样会产生责任，抑或更多地能产生责任，而无须美。

罗尔斯顿还是退了一步，承认审美经验对于环境伦理学而言，仍是基本出发点之一。这是由于，人们的感性经验往往成为保护环境的原初理由，也是相当直接的理由：因为它美，所以值得保护。这就引发一种伦理学以美学为依据的论证方式。

将美学作为环境伦理学的论证基础，代表者就是《环境伦理学》杂志的创办人尤金·哈格洛夫（Eugene Hargrove）。在他看来，尽管卡尔松的不分等级的“自然全美”论并不可取，但是，这种自然审美主义的取向可以为环境伦理学提供最终的证明。他由此得出这样的结论：

> 对审美体验和自然保护的特质化物质存在的独特意义的认识，为保护自然的本体论论证提供了决定性要素，可以总结如下：
>
> （1）人类有义务保护和促进在这个世界上的美的存在。
>
> （2）艺术美和自然美都是善的一部分。
>
> （3）自然美（广义上包括自然物的科学价值）在大多数情况下和艺术美一样有价值，因而即使在非存在的意义上，它也应该是被促进和保护的对象。
>
> （4）因为自然美的创造与物质存在有着艺术美所没有的更本质的联系——也就是说，自然美的存在先于它的本质，所以：
>
> （a）保护自然物和自然生态的需求比保护艺术品的需求更强烈；
>
> （b）单从存在的理由出发，在其他条件（包括价值）相同的情况下，促进和保护自然物的义务先于保护艺术品的义务。[1]

环境伦理学的最重要的推动者哈格洛夫的“本体论证明”，可以还原如下：

> （1）首先，人类有责任去保护美。
>
> （2）其次，艺术与自然的美同样具有价值（都属于广义的善）。
>
> （3）再次，自然美是居先的（不仅保护自然的需求，而且保

1　尤金·哈格洛夫：《环境伦理学基础》，杨通进等译，重庆：重庆出版社 2007 年版，第 242 页。译文有改动。

环境伦理学要保护一切自然，因为有一种环境美学认为一切自然皆美。

护自然的义务，都是先于保护艺术品的）。

这种论证把美学作为伦理学的基础，这显然是罗尔斯顿所不能认同的，这是由于："美学在环境伦理上讲是一个错误的出发点，至少在原则上讲是错误的，虽然在实践上并不总是这样。美学也是定位环境伦理的错误地点，无论在原则上还是在实践上。然而，一个人应该赞美并且保护自然中的美。审美经验实际上是人类欣赏自然的拱顶石的价值，但是这并没有使它成为自然所具有的价值中的最好模式。"[1] 在这个意义上，罗尔斯顿是反对以美学作为基本立场的。

1　霍尔姆斯·罗尔斯顿 III：《从美到责任：自然的美学与环境伦理学》，引自阿诺德·伯林特主编：《环境与艺术：环境美学的多维视角》，刘悦笛等译，重庆：重庆出版社 2007 年版，第 166 页。

由此可见，无论在理论还是践行上，罗尔斯顿都否定美学居于伦理学之先，这也就是站到了哈格洛夫及卡尔松立场的反面。然而，他又充分意识到了审美经验的角色，并将之推上欣赏自然的“拱顶石”的位置，尽管审美价值在他的诸多自然价值中仅仅是一环而已，但是他将审美经验从哈格洛夫“基石”的位置搬到了“拱顶”之处。

这就关涉伦理与审美的深层关联，在此，儒家思想可以提供另一种有益的启示。“原始儒家思想的启示看似微观，却可以被普世接受”，它“一方面使伦理美学获得了‘自然主义’的生理根基——由此可以走向一种‘底线’伦理，另一方面又让审美伦理学获得了‘理想主义’的共通境界——由此可以接近一种‘高级’境界。作为‘起点’与‘终点’的这两点启示，为人类的伦理美学与审美伦理学提供了‘共通性’的生理根据与心理依据”[1]。这意味着，审美既可以成为伦理的感性起点，也同时构成伦理的审美境界。

审美被纳入道德境界，这在罗尔斯顿思想那里也有萌芽。他并不把美学视为基础性的，而是价值性的，但不是主观价值，而是更具客观价值：“环境价值论确实需要把审美价值与大自然所承载的许多其他价值区分开来。审美价值是一种转换型价值。对某些解释者来说，美是价值的范型（paradigm case of value）；他们发现，审美体验毫无例外都是主观的；他们由此断定，所有价值都是主观的。审美体验确实是一种高级价值；但这并不意味着，它就是那些较为基础的价值的模型。相反，环境价值论提出的是一种更为根本的、以生物学为基础的美学理论……对审美体验的理解要以这种更为客观的价值理论为基础。”[2]但审美如何

1 刘悦笛：《从伦理美学到审美伦理学——维特根斯坦、杜威与原始儒家的比较研究》，《哲学研究》2011 年第 8 期。

2 霍尔姆斯·罗尔斯顿 III：《环境伦理学：大自然的价值以及人对大自然的义务》，杨通进译，北京：中国社会科学出版社 2000 年版，第 317 页。

环境伦理学的现实目的就是保护自然，但是何种自然更值得被保护呢？

成为客观价值，罗尔斯顿却语焉不详。

《哲学走向荒野》乃罗尔斯顿的早期代表作，也是继奥尔多·利奥波德《沙乡年鉴》之后又一部环境伦理学的代表作，其核心创建也在于"自然价值论"的建构。其中认定，从无序自然、地壳自然、地质自然、有机自然、动物自然、人类自然到人类文化所形成的不同层级，从价值论的角度看，由低到高也形成了从"客观价值""自然主观价值"到"人类主观价值"的递进关联。

遗憾的是，罗尔斯顿并没有发现审美价值对于环境伦理学的深层意义。尽管他自己也在深刻怀疑后仍不得不承认：

美学可以成为环境伦理的一个充分基础吗？这要看你的美学走得有多深入。大多数美学家开始的地方是非常浅显的（虽然他们可能在美学上是非常老练的）。美学的发展也越来越多地建立在自然历史的基础上，由人类把他们自己放置在这样的风景中。环境伦理需要这样的美学来成为一个充分的基础吗？实际上是的。[1]

更遗憾的是，他始终没有说清楚，一种更为深入的美学，对于环境伦理学而言究竟如何成为“充分的基础”。我们进一步要做的工作，就是要让美学与伦理学相互融通起来，为彼此的工作设立根基。

可贵的是，在《环境伦理学：大自然的价值以及人对大自然的义务》这部更为系统的经典之作的末尾，罗尔斯顿还是提出了“诗意地栖居于地球”的主张。按照这种主张，人类不仅作为地球的“道德监督者”，还应该成为地球的“审美欣赏者”：“人类的职责之一就是，通过欣赏环境从而增加环境价值的种类”，“人类应成为赞赏（在发现其中的价值和增添其中的价值的双重意义上）其栖居地的居民。人类是有评价能力的，能够赞赏这个世界，能够发现（而且能够创造）那里的价值”[2]。

巧的是，阿伦·奈斯也曾提出“美的行动”（beautiful action）及其“面对生态危机的功能”问题，得出了“发自倾向的行为乃是比发自责任的行为更高级”的结论。[3]这就好比说，你是出于“必须为之”的责任心去保护自然，还是出于“喜欢为之”的审美心来维护自然？当然，后者较之前者更为高级，这也关系审美价值与道德价值、审美境界与道

1 霍尔姆斯·罗尔斯顿 III：《从美到责任：自然的美学与环境伦理学》，引自阿诺德·伯林特主编：《环境与艺术：环境美学的多维视角》，刘悦笛等译，重庆：重庆出版社 2007 年版，第 169 页。

2 霍尔姆斯·罗尔斯顿 III：《环境伦理学：大自然的价值以及人对大自然的义务》，杨通进译，北京：中国社会科学出版社 2000 年版，第 462、466 页。

3 Arne Naess, *The Ecology of Wisdom*, Berkeley CA: Counterpoint, 2008, p. 136.

面对自然的山川水系，我们应该如何成为“地球的欣赏者”？

德境界的关联难题。

质而言之，环境伦理学与环境美学的关联问题，一方面，美学构成了环境伦理学的感性论的经验地基；另一方面，审美又能成为环境伦理学的理想。这意味着，其一，道德境界的高级层面具有审美要素；其二，美善合一的审美境界方为高境。

由此，审美可以成为环境伦理学发展的境界，环境伦理学强调保护环境的必要性，但环境美学成了环境保护的高级标准。当环境美学家们都承认“美学拥有改变世界的能量”的时候，他们的潜台词是：并不是所有的生活都可以使得环境变得更美好，“审美化的生活”才可以成为改变环境的高级标尺，审美也最终可以成为人类、环境与世界发展的“深层尺度”！

# 树文明孕育的人化内涵

言说“自然之美”，其实就是在言说人与自然的审美关系。人与自然的关系，我们可以继续把问题缩小，那就从人与树、树与人的关系开始谈起。

树，不只是自然之树，它构成了一种“树文明”（Tree Civilization），并在与人类发生关联后形成了“伦理悖论”。这给了我们诸多生态启示，亦即以一种“互存伦理学”来处理人与树的生态关系。

《伊索寓言》里有个具有警世意义的故事——《树与斧子》：一个人来到森林里，请求树给他一根树枝做斧子柄。树答应了他的请求，就给他一根小树枝。他用小树枝做成了斧子柄，完好地装在斧子上，接着抡起斧子砍起树来。他很快就砍倒了森林中最贵重的大树。一棵老橡树悲伤地看着同伴被砍倒，无能为力，他对身旁的柏树说：“我们是自己葬送了自己。如果我们不给他那根小树枝，他就无法砍伐我们，也许我们能永久地站立在这里。”

这其实是个隐喻，人与树之间关系的隐喻，但葬送自己的也许不是树，而是人类自身，人类在未来是否会面临“人树俱毁”的境遇呢？那时人类可以说：“我们是自己葬送了自己。如果我们从攫取小树枝开始，并不出于人的私欲而大量砍伐树木，也许我们能永久地站立在这里。”如果地球真有环境污染致使人类无法居住的那一天，人类大概只能发出此种感喟了吧！

如果这世上无树，那人类何存？这就是一种“树文明”的伦理悖论：早期人类依赖树木而生存，树木一直为人类所利用，又通过光合作用为整个地球提供氧气，但是如今的人类在毁坏森林，毁坏程度越深就越危及人类自身的生存。当然，树本身其实并无伦理，但是被人化之后，人与树的关系就呈现出悖论关系。

树的出现，或者说树的进化，可比人类早得多得多。大约在4.1亿年前，陆地植物就出现了，四五千万年之后，那种木质导水管状组织才出现，于是，真正意义上的“树”才出现。我们今天拿着一片叶子朝着阳光看，能看到的那叶脉就是这种典型的植物组织。与之相比，灵长类动物最早出现在大约六千万年前，而人类在地球上的出现距今也就五六百万年，树的历史远远长于人类，在地球的“历史簿”上人类只能写那最后几页。

2015年，应鹭江出版社的邀请，我为2012年大英博物馆出版社出版的一本新书 *The Tree: Meaning and Myth* 作中文版序。[1]这本书的名字本应翻译为“树：意义与神话”，作者是任大英博物馆公众参与高级顾问和书画部副主任的弗朗西斯·凯莉（Frances Carey）。我们知道，伦敦的大英博物馆与巴黎的卢浮宫、纽约的大都会博物馆、圣彼得堡的冬宫博物馆并列为“世界四大博物馆”，但没想到搜集的文物和艺术品当中，竟蕴含着一部关于树的“文明史”。多亏了此书作者弗朗西斯这样的“有心人”的爬梳之功，使得这部简史被书写得如此趣味盎然。

这本书最初译者想定名为《树之灵》，它试图为中文读者们呈现出一整部“树文明”的简史！[2]我个人觉得，“树之灵”这个名字甚妙，用“灵”对应神话与意义，其实也不错。但大概是考虑到读者的接受度，这本书2016年公开出版的名字改为《树的艺术史》[3]，当然销量也相当不错，去年在三联韬奋书店仍被摆在推介的显眼位置上。这本《树的艺术

---

1 Frances Carey, *The Tree: Meaning and Myth*, The British Museum Press, 2012.

2 刘悦笛：《序：给人类的“树文明”深描蓝图》，引自弗朗西斯·凯莉：《树的艺术史》，沈广湫、吴亮译，厦门：鹭江出版社2016年版，第I—V页。

3 弗朗西斯·凯莉：《树的艺术史》，沈广湫、吴亮译，厦门：鹭江出版社2016年版。

大英博物馆出版的《树：意义与神话》一书的封面。

史》成为内容与设计均衡的“图文书”。博物馆和美术馆常有那种“说明书”或者“导引手册”，但此类小资料只提供最基础的相当简化的信息而已。然而，这样的图文书以文字为主，辅之以图像，作者的谋篇布局与文字陈述是主体，但是图像与文字之间的确是相互融合并形成了“可观性”叠加的效果。

实际上，这本《树的艺术史》有点像一部词典，读者并不需要从头至尾地看完，而可以像翻词典那样找到自己感兴趣的内容“自由阅读”。这本书的第二大部分《树木馆》最有趣味，看完这部分，读者就会深感树与人类的交集是多么深。说树自成一套被人化的“树文明”绝不为过，因为人类按照文明的方式塑造了树本身，或者说树被人“文明化”了。

我只要列举一下《树木馆》当中出现的树的种类及其标题，就可见一斑：

猴面包树——名副其实的“生命树”

桦树——树中淑女

构树——魅力树皮布

黄杨——制琴良材

雪松——气味芳香，难得之材

椰树——全身是宝

山楂——由迷信残余到国王徽章

柏树——凭吊伤怀、千古悠悠

桉树——梦幻般的传说

无花果——隐秘意深

椤树——战争与她携手，和平与她拥抱

银杏——很古很魅很抗爆

愈疮木——结缘神灵

月桂——太阳神依旧的爱

苹果——令人浮想联翩的符号

桑树——丝绸之路的源头

橄榄——和平、希望、拯救

松树——自然女神的挚爱

杨树——仰慕天地的荣光

梅、杏、桃及樱桃——傲雪迎春、绚染绽放

橡树——力量与耐力的象征

柳树——伤痛的情怀

紫杉——拒腐防朽、弓箭良器

可可——欧洲富人必备

枣树 —— 耶稣荆冠[1]

这些标题标识了每种树到底是如何被人化的。

万物都有其历史，树也有它的历史。树，在生物界只有“进化史”，在人类社会则成就了一段“文明史”。这是因为，树与人，终于相遇了，或者说，树开始被人化了。在东非大裂谷人类早期的祖先尚未“直立行走”之前，他（它）们就以树木为生存的根基，以树为“生”，后来才脱离树而走向平原地带。

在“以树为生”之后，则是“与树共生”的原始人类阶段，那时人类尚与树木和谐共存。但是，随着人类发展，在进入新石器时代后，人与树的关系就失衡了。人类开始大量地戕害树木，所谓“刀耕火种”就大面积开始了。人类新纪元的出现，与人类能够获得更多食物相关，或许就是以大量毁坏树木并在此基础上获得更大生存空间为前提的，这就涉及“树文明”的发生学问题了。

旧石器时代的结束与冰川期转寒有关，在大陆居住的人类为了适应生态变化，改变了之前的生存模式，这一转变也与树有关：一个是原本作为食物来源的大型动物如猛犸象消失，人类就不得不转向小型动物，由此也就把活动范围缩小到广布“坚果类”树木的低处森林地带；另一个则是人类食物资源很可能因此出现了换代，也就是从“根茎类”和“果实类”更换为“坚果类”，甚至将植物资源作为主要的食物来源，由此人类社会就开始向定居社会转型。

冰川期结束后，人类迎来了变暖的新世纪，新石器时期就此开始。海平面稳定出现在大约距今六千五百年，气温上升，海平面升高，植被也发生着相应的变化，“温带林”和“亚热带林”的北限都延伸了。根

1 参见弗朗西斯·凯莉：《树的艺术史》，沈广湫、吴亮译，厦门：鹭江出版社 2016 年版，第 56—171 页。

从树上爬下来的人类与“树文明”产生了异常亲密的进化关联。

据考古发现，黄河中游仰韶文化区早在公元前 5000 至前 3000 年就采用“刀耕火种”种植粟和黍，而且懂得了“土地轮休”。云南地区在公元前 1260 至前 1100 年，即商朝后期也用此法来种稻。到了战国时期，云南世居民族还在普遍采用“刀耕火种”的耕作方式，直到公元前 1 世纪以后才逐渐减少，但边远地区仍有这种耕作方式的遗存。

树的进化不仅远远早于人类的进化，而且，人类祖先与树的紧密关联，也早于人类历史开启之时。树所构成的原始丛林，可以被看作类人猿的“家园”，用更为形象的说法，即早期人类的“子宫”。类人猿就是从树上爬下来进而直立行走的，站起来的人类祖先由此获得了开阔高远的视野。2000 年 10 月，迄今为止最古老的人科女童化石在埃塞俄比亚被发现。这块属于人类进化最早物种的南方古猿化石证明，人类祖先从树上走到地面比原本预想的要晚得多，大约是三百三十万年前。

世界上现存最古老的单棵树木，也比任何人都“长寿”得多。这棵老树位于美国加州茵友国家森林公园，处在海平面之上 10000 英尺的位置，以 4766 岁当之无愧地当选为“树王”。在埃及人建造第一座金字塔的时候，它老人家就已经一百岁了，它与人类文明一起延续到了今天。

自人类出现在地球上之后，这个世界上的“树木架构”就开始发生结构性的变化。从狩猎文明转向农耕文明，人类开始砍伐树木以获得农耕之地。工业革命之后，全球气候变暖（酸雨随着大气而飘移）让树木年轮记载了人类气候的急遽改变，使得每棵树皆不可能不被“人化”。这就意味着，在树的进化史的晚期，树早已被人类“文明化”了，这就是一种“自然人化”，尽管树仍保持着自身的大多自然属性。

德国人类学家格罗塞（Ernst Grosse）在《艺术的起源》当中就明确指出：“从动物装潢变迁到植物装潢，实在是文化史上一种重要进步的象征 —— 就是从狩猎变迁到农耕 —— 的象征。”[1] 早期人类开始把目光转向植物，创造了包括树在内的植物装饰，其实就是将树纳入了“人类文明体系”，树已经成了“人之树”!这本图文并茂的《树的艺术史》，所展示的就是“人之树”的“两个 M” —— “意义”（Meaning）与“神话”（Myth）。毫无疑问，无论是树的意义还是树的神话，都是人类赋予树木的，而不是树木本来具有的，但先天属性与后天被人化之间还是要产生相互匹配的关联。

原始人类可以通过树“通灵”，所以在人类早期有过大量关于树的

1　格罗塞：《艺术的起源》，蔡慕晖译，北京：商务印书馆 1984 年版，第 116 页。

“神话”。如果大家看过卡梅伦的电影《阿凡达》，一定会对那棵巨大的“通神树”记忆犹新，Navi 族人通过自己的感受器（辫子）与神树相连后，借助神树的力量以获得启示与能量。这其实是对原始人类文明“树崇拜”的模拟而已，玛雅文明中的巨树就有这种“通天”的巫术功能。

之前在墨西哥的游历曾让我惊奇地发现，玛雅文明确实与中华早期文明有太多相似之处，其思想核心仍是“巫的传统”与“一个世界”的世界观。中华文明与玛雅文明同属天人相通的“一个世界”的传统，苏美尔文明与此后的欧洲文明才是此岸与彼岸分离的“两个世界”的传统。所以树在玛雅文明中就成了沟通天人的“灵媒”，中国蜀地三星堆的青铜神树与之类似，铜树上站着九只太阳神鸟。

众所周知，中华文明历来重“天人合一”与“民胞物与”，树在农耕文明的中土地区更被赋予了不同的“意义”和“价值”。早在《诗经》当中，就有“昔我往矣，杨柳依依；今我来思，雨雪霏霏”的名句，杨柳早就与中国人的日常情感息息相通。在《论语》那句“岁寒，然后知松柏之后雕也”中，松柏的万古长青、苍劲挺拔、刚直不阿便间接成为儒家道德的物化象征。

在中国古典文化当中，树成了经常出现的一种文学形象，也成了中华文化的“符号”和“象征”。在元代山水画之后，绘画中树木常常以“一枯一荣”的面貌出现，这并不仅仅是枯笔与润笔的比照，更是阴阳协调与互动之智慧的显现。在工笔、陶瓷、家具、文玩当中，树更成了一种文化上的“隐喻”，从而被赋予了以吉祥向善为主的民俗意义。当然，中华民族的“实用性”的品格，也使得金钱榕成了“摇钱树”的代表。

更有趣的是，由于世界观和文化观的差异，中西方对待树有着不同的态度。在基督教传统当中，“夏娃的诱惑”的故事根深蒂固。夏娃知道世上有“羞耻”，乃是由于她在伊甸园中被蛇诱惑而偷食了禁果，这禁果就来自苹果树，夏娃、亚当因此获得了负罪感。美国人类学者本

人与自然的融合为一，不同民族与文化有着不同的合一方式。

尼迪克特就此将基督教文化归为“罪感文化”，其名著《菊与刀》一书，曾提出“罪感文化”与“耻感文化”两种文化类型，而相形之下日本文化则由羞耻心所推动而成为“耻感文化”。但事实并非如此断然二分，如盎格鲁－撒克逊文化、英格兰文化和墨西哥混血文化，在基督化之后皆仍保存着耻感的社会大众心理。

中国学者李泽厚则认为，与西方的“罪感文化”比照，中华文化曾被归为“耻感文化”，但这是不对的，中国实乃是有乐天派取向的“乐感文化”：“因为西方文化被称为‘罪感文化’，于是有人以‘耻感文化’（‘行已有耻’）或‘忧患意识’（‘作易者其有忧患乎’）来相对照以概括中国文化。我以为这仍不免有模拟‘罪感’之意，不如用‘乐感文化’为更恰当。……‘中国人很少真正彻底的悲观主义，他们总愿意乐观地

眺望未来……'" [1]

无疑，中国儒家的伦理传统仍要人"知耻"，这也就是《论语·为政》所言："道之以政，齐之以刑，民免而无耻；道之以德，齐之以礼，有耻且格。"以礼法来德化万物，百姓不仅遵纪守法，而且引以为荣。松柏之类的"比德"手法，其实就是将高尚的道德与树木品性进行伦理类比，所求的乃是"善美交融"，这就是伦理学与美学的合一。

与中国的"伦理本位"传统不同，欧洲还有一个强大的"知识传统"，这就使得树木也被纳入近现代的植物学体系。《树的艺术史》作为西方学术普及的产物，从知识论的角度描述了树木的基本知识。它的第二大部分《树木馆》，更是将各种各样进入文明视野的树木形态进行了划分，就好似中药铺子里面的药匣子一般，将各种树条分缕析地进行逐一研究，这恰恰与中国那种模糊思维的传统形成了区别。实际上，每个树种的内部文明都是相当复杂而有看头的，而且皆形成了自身的"自然－文明史"！

从人类文明的角度看，树乃"人之树"，这也并不是一种强人类中心主义，而是人与树相遇之后深入彼此。树乃"人之树"，反过来就是人乃"树之人"，比如在西方就有一个非常独特的"生命树"（The Tree of Life）的传统。但无论如何，正如一本名为《森林：文明的阴影》的书所说的那样：

> 人类对森林的利用，从来就不限于物质的表面。森林中的树木也用以打造人类的基本语言、符号、意象和思维体系，构成身体标识、持续性的概念和名称系统。从家族树（the family tree）到知识树（the tree of knowledge），从生命树到记忆树（the tree of

1 李泽厚：《中国古代思想史论》，北京：人民出版社 1985 年版，第 311 页。

本身来自自然的树，自从与人类形成关联之后，就逐渐成了“人之树”。

memory)，森林成为人类演进中不可缺少的意象来源。[1]

这就是人与树越来越深刻的文明关联，如今随着森林被大量砍伐，人与树之间却产生了隔阂，一时也难以弥合的隔阂。

1 Robert Pogue Harrison, *Forests: The Shadow of Civilization*, University of Chicago Press, 1993, pp.7-8.

# 回归人与自然亲缘关联

人们常说，我们来自自然，又归于自然。人与自然的“生态关系”，在现代文明阶段变得愈加紧张，由“树文明”所激发出来的“伦理悖论”，也促使我们对“生态文明”进行积极思考。

从人类的先祖到现代人类，皆与树产生了复杂而亲和的关联，树本身既是自然的存在，也成了文明的存在。自工业革命后，“人化”的伟力变得越来越强大，而真正的荒野变得愈来愈少了。想一想黄石公园里面的树木经历了 1988 年那场大火后，36% 的过火面积使得后来许多树木都是新生的，已并不是荒野的原貌，而且许多动物也不是美洲的土著动物了。可以再想一想，公园里面与街道旁边的树，其实它们在温室抑或室外栽培的时候，就已经被人工培育了。为了适应公园抑或道路的“框架”，它们更是经常被人工修剪与处理。这就是一种所谓的“树的人工化”。

这种人对树的培育，在中西方文明系统中取向又非常不同。如果你比较一下法国凡尔赛宫园林与中国苏州园林里面的树，你就会惊奇地发现两类“树的人工化”的手法。法国园林里面的树往往呈现几何造型，树被修剪成三角抑或半圆的形状。这种欧洲园林的“树之美”如果出现在中国园林里，一定会显得非常奇怪，但当今中国城市中被修剪整齐的树篱其实也是此种西化的产物。

中国古典园林看似崇尚自然之道，“道法自然”，往往希望树木长得弯弯曲曲，所以很少有直线形的剪裁，因为越是弯曲的树越被认为更符合自然形态。但为了达到这种自然形态，小树在开始生长时就被套上了“铁笼子”，以使枝干曲折生长，这其实是另一种人工化的手段。从生态文明角度来看，这两类人工化都是人类对树木权利的剥夺。

所以说，在人工化如此强势的时代，重新回归人与树的亲缘关联、生态关系，变得相当艰难而又绝对必要。21 世纪的西方环境伦理学一直聚焦于追寻“环境保全”（environmental integrity）的新问题，也就是关注“跨物种的生态相互依存”（ecological interdependence of across species）问题。其中，诸如“动物权”（animal rights）被谈论得较多，因为传统的人权是侵害动物权的：

> 如果道德对象就是人权，那么，针对非人类动物的人类对待，似乎就没有道德限制。因为动物不是人，所以它没有人权。[1]

后来这种思路逆转了，动物也有自身的权利，且在很多方面，动物较之人更有权利，比如大型动物猎杀食物链中的小动物的权利。

然而，“植物权”问题似乎一直处于弱势，这恰恰体现出暗存的人类中心主义的等级观。动物特别是高级灵长类动物与人类更接近，因此就被赋予了更多的权利，但是植物由于在食物链当中的等级较低，因而鲜被赋予权利，这就有悖万物平等的生态原则。那么，森林有没有不受人类干扰自己发展的权利呢?

当然有，而且这种权利要被置于“相互依存的伦理学”（The Ethics of Interdependence）中来，这种伦理学可以简称为“互存的伦理学”:“生态的相互依存的感性，并不能避免生态中心主义者与人类中心主义者之间的冲突。它却可以给环境主义者提供一个共同的基础，在此基础上，他们的论辩和行动都可以更好地存留下来。”[2] 这意味着，生态中心与人

1 Peter S. Wenz, *Environmental Justice*, State University of New York, 1988, p.130.

2 Leslie Paul Thiele, *Environmentalism for a New Millennium: The Challenge of Coevolution*, Oxford University Press, 1999, p. 196.

在西方，人们认定动物本身也拥有权利，从而形成了所谓的“动物伦理学”。

既然动物有了“动物权”，那么，植物会有“植物权”吗？

类中心这两种主义各执一词，尽管通过生态的相互依存关联并不能比较两端之争，但可以提供一个更为坚实的基础来加以整合。

人和树的关系，同人与其他任何动物之间的关系，具有等价的意义，这也是一种现代意义的“齐物论”。因为“生物学第一原则”（first law of ecology）就是“万物与他物之间皆相关联”（everything is connected to everything else）![1]

1 Peter Montague, *After Ten Years: Reason for Hope*, in The Years of Triumph, Fall Church, Va.: Citizens Clearinghouse for Hazardous Waste, 1993, p.15.

这就有赖于一种整体的“生态世界观”（Ecological Worldview）的根本转变，倡导一条“绿色心理学”（Green Psychology）的新路，其中人类的角色可以分殊如下[1]：

| 工业时代 | 生态时代 |
|---|---|
| 战胜自然 | 作为自然一部分而生存 |
| 统治自然，控制自然 | 共同进化，共生 |
| 英雄的个体主义 | 生态意识 |
| 开发自然，掌控自然 | 管理自然，恢复自然 |
| 人类中心和人类主义 | 生物中心或生态中心 |
| 自然具有“工具价值” | 自然具有“内在价值” |

如今根据上面的诸多新原则架构而成的新型生态文明，要求人与树之间形成崭新的互动关联。树并不是人类战胜并对其加以统治和控制的对象，人与树之间理应是共同进化的共生关联关系。在强势的“树文明”语境当中，人类曾以英雄个体主义，来开发森林和掌控树木，树木对人类具有使用工具价值。但是如今人类则要心怀“绿色心理学”的生态意识，去管理树木和恢复森林，让树自身所具有的内在价值得以彰显出来。由此，方能解决“树文明”之伦理悖论，这个悖论从新石器时代“刀耕火种”就开始了，经过工业时代则变得更加严峻。由此窘境所生发出来的“生态启示”就在于——人与树共存，爱恋树木，敬爱森林，因为树乃“人之树”。

1 Ralph Metzner, *Green Psychology: Transforming Our Relationship to the Earth*, Park Street Press, 1999, p. 176.

人类生存依赖树木，但是从“刀耕火种”时期开始人类一直在毁坏森林。

# 大地艺术拥有道家特质

当代艺术也参与自然审美。作为环境艺术（Environmental Art）的延伸，大地艺术（Land Art）[1]就是典型，它可以成为中西方自然美学的会通之处。

所谓大地艺术，是当代欧美艺术中的重要流派之一，它最特殊之处就在于以地表、岩石、土壤等作为艺术创作的原始材料。该艺术运动起源于20世纪60年代末，1968年纽约德万博物馆所办的展览和1969年康奈尔大学所办的Earth Art展是大地艺术观念的发源，其代表艺术家有罗伯特·史密逊（Robert Smithson）、米歇尔·海泽（Michael Heizer）、理查德·朗（Richard Long）、克里斯托（Christo）和珍妮－克劳德（Jeanne-Claude）夫妇、沃尔特·德·玛利亚（Walter de Maria）以及丹尼斯·奥本海姆（Dennis Oppenheim）等。其中，罗伯特·史密逊还以其观念上的独特创新，堪称大地艺术最重要的宣言发布者和美学理论家。

由此可见，以"回归自然"为姿态，大地艺术参与了"大地、污染危机和消费主义过剩相关的生态论争"，从而形成一种"反工业和反都市的美学潮流"[2]。遗憾的是，大地艺术对自然美学的深入推进，却被侧重理论建构的中西方美学研究者所共同忽视。这或许是由于，大地艺

1 按照《牛津20世纪艺术词典》的权威解释，Land Art、Earth Art和Earthworks这三个术语并没有清晰的界分，参见 *Oxford Dictionary of 20th-Century Art*, Edited by Ian Chilvers, Oxford University Press, 1999, p.133.

2 *From Expressionism to Post-Modernism: Styles and Movement in 20th-century Western Art*, Edited by Jane Turner, London, 2000, pp.231~232.

术毕竟是从艺术的角度来探索自然审美的一种艺术样式，而自然美学恰恰要摆脱艺术所占据的传统霸权地位。但无论怎样，从大地艺术的实践角度归纳出的美学结论，可以引发自然美学的诸多深层思考。

有趣的是，这种思考与中国传统美学有着异曲同工之妙。那么，大地艺术中究竟丛聚着中西方自然美学的哪些共通规律呢？

（1）“回到天地之际”与“天地有大美”

当代大地艺术首先所反对的，就是艺术与自然的对峙关系，亦即毕加索所谓的“艺术就是自然所没有的”传统观念[1]，从而将艺术创作和欣赏都置于广袤的天地之间。

天地自然在欧洲古典艺术中出现得较晚，直到17世纪，荷兰才出现纯粹意义上的风景画。中国传统艺术则很早就把山水作为一个重要母题，在公元6世纪展子虔《游春图》之后，山水画便蔚为大观。这是由于欧洲“在近代生态学受注视之前，人们并不把自然看作资本主义活动的目标，却把它看作资本主义、社交活动和个人生活所寄的舞台。……整个大自然（nature-as-a-whole），却是不容占有的”[2]。因而，在主体性美学占据主导的时代，欧洲古典油画中的风景开始是作为人的背景出现的，即使后来成为绝对的前景，实际上也始终预设了一位风景的“观看者”潜存在那里。

大地艺术则要求艺术活动真正走向室外（而非仅仅从室内来观照室外天地），也就是说，要从单纯的“室内装饰者”真正走向广袤的“天地之际”。照此来看，传统欧洲油画中的自然，仍是将风景吸纳进艺术家的颜料涂抹之中，鉴赏者还是要到艺术馆和博物馆中来观照“画中的自然”。印象派或许是个例外，虽然它也要求走出室内，置身于天地之

1 April Kingsley, *Critique and Foresee*, Art News, 1971,No.3, p.52.

2 约翰·伯杰（John Berger）:《观看之道》（*The Way of Seeing*，原书名被改译为《视觉艺术鉴赏》)，北京：商务印书馆1996年版，第125页。

罗伯特·史密逊所创作的《螺旋状防波堤》应该是最知名的大地艺术作品了。

间的光影世界中，但其核心仍在于艺术自身（包括技巧）的探索，甚至成为“实现艺术自我目标”的一种色彩游戏，而自然天地只不过是画架上被呈现的另一类对象而已。

然而，无论是创作还是鉴赏方面，大地艺术都真正地走向了“天地际会”之处，而且它更是一种以自然作为直接材料的艺术形式。因为在大地艺术里，“材料的异质性已经变成一种可能性”[1]，不仅（包括森林、山峰、河流、沙漠、峡谷、平原的）大地材料可以用之，还可以辅之以石柱、墙、建筑物、遗迹等人造物。最著名的大地艺术品是罗伯特·史密逊在美国犹他州大盐湖中所创作的《螺旋状防波堤》，就是由玄武岩、盐结晶体、泥土、洪水（海藻）形成的 457.2 米 ×4.572 米的巨大的螺

1 Robert Smithson, *Note on Sculpture 4: Beyond Object*, Artforum, New York, 1969, pp.50~54.

旋形防波堤。再如，沃尔特·德·玛利亚的《闪电原野》，在美国新墨西哥州闪电频发的平原地带上，用 400 根长 6 米多的不锈钢管，按照每根相距 67.05 米的距离摆成 16 根 ×25 根的矩阵。这样“大手笔”并不在于这几百根钢管本身，而是通过这些矗立在天地之间的钢管，将整个天地自然吸纳在大地艺术中（天地都成为艺术创作的素材）。在雷雨季节，这些犹如电极的钢管能接引雷电，尽显“沟通”天与地的中介形象。不仅艺术家到广袤的天地中来构造艺术，而且，观赏者要看到这种壮观景象，只能到新墨西哥州的荒原去实地观看。所以，这个巨大奇特的“美术馆”的边界就是无限延伸的天地自然。

这种美学取向，其实是同道家“天地有大美”的观念相通的。在大地艺术里，正如在道家美学视野中一样，自然万物本身的力量，既是潜在的，又是无穷的，自然化育的规律生生不息。大地艺术因而具有了某种“东方意味”：在艺术里保持了艺术（人）与自然的亲密关联，敬畏自然天地的造化之功。人所创作的只是大地艺术中的一小部分，更大的创作则是由自然天地按照自然规律来完成的，比如《闪电原野》中闪电的出现就具有自然的偶然性。无论怎样，大地艺术的创作者和欣赏者心中对“天地之大美”都是极为认同的，认同这种“天下莫能与之争美”的“大美”的存在。

（2）“天、地、神、人（世界游戏）”与“人与天地参”

当代大地艺术，重新思考了天、地、人的“三位一体”的关系。人在其中绝不是“顶天立地”的，而是顺应自然规律的、“与天地参”的，由此要发展出一种所谓“新型的人”和“新型的价值”。

在大地艺术中，人不再具有以往那种“主体性”的地位。在这种艺术中，人绝不是要改造自然的“我”，而是与自然保持整体的和谐，甚至被大地艺术品所压倒。这是由于，一方面，大地艺术品常常要求自身非常巨大，“Earthworks”这个词本身就特指那些体积极为巨大的作品，而并不重视艺术品的任何细节；另一方面，正因为大地艺术品如此

沃尔特·德·玛利亚的大地艺术作品《闪电原野》接引闪电的现场。

巨大，所以人们只能对其“远观”而不能“近看”。罗伯特·史密逊的《螺旋状防波堤》，其巨大的程度已到了站在地面上的人们难以窥豹一斑，只能从飞机上来俯瞰全景。这种例子在大地艺术中比比皆是。克里斯托和珍妮－克劳德从 1981 年到 1983 年创作的作品《包裹岛屿》，在美国比斯坎湾将 11 个岛屿用 650 万平方英尺的塑料包扎起来，其中只有 7 个可见，巨大的程度可见一斑。

按照欧洲美学传统，往往是人重于自然，自然内渗透着人的力量，强调人是艺术的创造主体。但是大地艺术则不然，天、地、人皆处于和谐的关系当中，人不再是天地的主宰，而只是这种艺术的部分创造者，天、地与人共同参与了艺术的创造。对大地艺术的欣赏也是如此，人们在大地艺术中所见的并非只是人造物，而是将天地自然纳入其间。同时，大地艺术总是尽可能将更多的人纳入其中，参与艺术欣赏。正因为大地艺术品如此巨大，所以这种参与（漫步于大地艺术品中间）也要经历一个较长的过程。

大地艺术所见的这种人“与天地参”的新型关系，其实并不是什么新的理念，中国艺术早就注重天地自然按照“道”的规律“自然而然”地运作。应该说，天、地、人这“三方世界”的关系，就构成了大地艺术的基本结构。

（3）“无中心的自然”与“游观”

在当代大地艺术里，就连自然本身亦是“无中心”的。这是由于，按照大地艺术的美学原则，自然乃是无限的球体，其内在性质是，正由于中心位于每个地方，所以四周不在任何地方。

这样，按照大地艺术的理解，其中心与边缘没有区分。这种空间观念，是对文艺复兴以来欧洲“焦点透视”观念的反拨。那种以人为中心的透视所得到的“锥形空间”，在大地艺术的“去中心化”取向中被消解了。反过来说，自然之所以能出现“中心”，恰恰是主体性的力量起了决定性作用的结果。而按照庄子“万物齐一”的观念，万物好似环链般自始至终彼此相扣，从而处于循环往复的变化状态，它们都不可能成为中心，因为它们之间具有相互平等的关系。

理查德·朗的大地艺术，最能体现出这种“非中心化”的特质。他常常通过行走来完成他的大地艺术创作，如 1980 年初展示的名为《走》的记录作品，就将他每日行走的观察记录（何时何地发生什么）书写下来，充分体现出“游走”的性质。按照他自己的理解，“我做了‘行走’这个简单的动作，并把它仪式化，使它成为艺术。……我在每件作品中所做的是使它尽可能地既美丽又有力量”。由此可见，与欧洲传统艺术强调“静观”迥然有别，大地艺术注重的是“游观”。中国传统绘画中也注重类似的“散点透视”，长卷从右至左徐徐展开，视点也随之慢慢地游移。之所以采用如此游移的观照方式，乃是由于自然不是以单一性主体为中心展开的。这也就是大地艺术所具有的“以大观小”（沈括《梦溪笔谈·书画》）的时空特质。

（4）“保持自然原生态”与“原天地之美”

当代大地艺术还强调，只有自然才是一切事物（包括一切人造物）的原初源泉，同时也是最有潜力的材料。所以，要尽量保存自然的“原生态”，而反对未经深思熟虑来人为重建“第二自然”。

这也就是麦克尔·海泽所反复强调的，“大地是最有潜力的材料，因为它是所有材料的源泉”[1]。海泽自己的作品，就是这一理念的独特阐释。他的作品《孤立的块 / 抑扬符号》，就是在美国内华达州的马萨科湖中挖出 36.6 米长的环孔状的沟渠。这些沟渠被遗留在那片荒原上，静静地等待着风化直至完全消失。作者自己解释说：“我用凹洞、体积、量和空间来表达我对物体物理性的担忧。……如果遇上自然主义者，他会说我这是在亵渎自然……但事实是，我相信，我的作品不是摆放在那

1　Michael Heizer, *Interview, Julia Brown and Michael Heizer*, Munich: Heiner Friedrich Galerie, 1970, p.14.

里的，它应该是这片土地中的一部分。”[1] 这种艺术创作取向，就是要在艺术创作后，尽量保持自然的原生态，任由自然按照自身的规律变化生灭，让自然“自然而然”地“在”。这就接近庄子所说的“原天地之美而达万物之理”（《庄子·知北游》）。

在这个意义上，大地艺术就是“原天地之美”的艺术。因为这种艺术形式在很大程度上是由天地本身参与完成的，而非完全由人力为之。那种过分的人为制造，在大地艺术中显然是被拒绝的。只有这样保持“原生态”的自然，艺术创作者和欣赏者才能融入其中。

这里的关键就在于：大地艺术究竟是呈现自然，还是改造自然？就艺术创作而言，大地艺术家们最反对的，莫过于用艺术作品使自然加以改观。他们只是要求对自然稍加施工或润饰，在不失自然原貌的基础上，使欣赏者对所处的周遭环境重新予以评价。

这种对自然的“略加修改”，就是要使人们重新注意那司空见惯的大自然，获得“陌生化”的审美感受。大地艺术正是与那种传统艺术体制相抗衡的，因为它所寻求的，是一种外在于“文化拘禁”的世界。也就是说，让艺术远离大城市艺术中心的“污染”，正因为大地艺术品巨大得不可移动，因而才能远离画廊、美术馆和博物馆，由此，就可以摆脱艺术体制和艺术市场对艺术的重塑。尽管如此，大地艺术这种激进的反思，仍带有一种乌托邦式的空想性质，因为它毕竟还是在艺术体制内得以认同的。

（5）“极度写实主义”与“无法之法”

从艺术手法上看，当代大地艺术认为，对自然的界定和摄取，不能如浪漫派风景画那般从主体出发而任意取舍，而是要采取“极度写实主义”的手法，从而来重新定义“艺术语境”和“艺术术语”。

从中国古典美学视野看，对待自然天地，大地艺术采取的其实是一

1 “Discussion with Heizer, Oppenheim, Smithson”, in Avalenche, Autumn, 1970.

种“无法”（no-rule），而这种“无法”才是“至法”（ultimate rule）。所谓“无法之法，乃为至法”“以无法生有法，以有法贯众法”（石涛《苦瓜和尚画语录·了法》）。这种艺术方法，并非如传统艺术那般面对天地自然来加以“再现”“表现”和“抽象”，而是采取了一种超越传统艺术语言的新途径：极度的写实化与写实的极度化。因为，“话语和岩石都包含一种语言”[1]。

这种艺术创作的观念，居然同原始道家的“道法自然”的思想内在相通。当然，这里的“自然”是“自然而然”的自然（naturalness），指的是一种顺应“自然性”规律的艺术之法。在这个意义上，大地艺术始终强调“艺术的发展将是对话的，而非形而上学的”[2]。人与自然平等地对话和交往，在大地艺术创作中是至关重要的，而非如传统艺术那样强加人的某种理念于自然之上。

总而言之，大地艺术所呈现出来的这种“自然美学观”，与中国传统美学的确有一定的“互通”之处，这是重建一种具有中西方文化“共通规律”的自然美学的基础。当然，当代欧美的大地艺术仍具有“欧美中心主义”的特质，与东方文化的美学智慧还是有差异的，可以从东方文化的视角对其做出相应的反思，这还需要另文详述。

然而，大地艺术引发的那些深层思考却不可回避——艺术与自然究竟是何种关系？艺术品与自然物的边界又在哪里？ 20 世纪 90 年代之后，由于诸种原因，大地艺术或者只能在规划图上得以实现，或者退回到艺术馆寻求“室内与户外的对话”，这是否偏离了大地艺术的初衷？大地艺术能引发艺术的终结吗？未来的艺术真能终结在自然之中吗？还有，具有东方意义的大地艺术的出路在何方？

更重要的是，如何在大地艺术这座比较适合的桥梁上探求中西方

---

1 Robert Smithson, *The Writings of Robert Smithson*, New York, 1979, p.90.

2 Robert Smithson, *The Writings of Robert Smithson*, New York, 1979, p.133.

“原天地之美”的方式无非两种，一种就是亲身去体验你所喜爱的自然，置身于自然的怀抱（如左图借助铁链条攀登阿耶尔红岩），还有一种就是到自然当中去欣赏“大地艺术”（右图是克里斯托和珍妮－克劳德夫妇创作的《飞篱》）。

美学的“共通”规律？如何在这一中西交通的基石上共建一种具有全球意蕴的“自然美学”？

按照大地艺术家所持的自然观念，“自然没有沿着一条直线行进，而是曲折发展的。自然永远没有终止”[1]。正因如此，在大地艺术家的视界里，“对结束的艺术而言，公园就是结束的景观”[2]。就此而言，大地艺术仍有许多潜力可以继续挖掘，它恰恰可能成为未来艺术的发展方向之一。与此同时，对大地艺术的美学反思，可能成为重建自然美学的另一个新起点。

大地艺术寻找的正是一个新起点：一方面，悖反传统的欧洲艺术观念，从画架等传统载体走向广袤的天地自然，在人与自然的对话之间，寻求传统意义上的“艺术的终结”；另一方面，又反对从主体角度对自然“过度阐释”，从自然本身，来探索传统价值上的“景观的终结”。

1 Robert Smithson, *The Writings of Robert Smithson*, New York, 1979, p.133.

2 Robert Smithson, *The Writings of Robert Smithson*, New York, 1979, p.133.

# 自然之美持续无声进化

除了当代艺术直接参与自然之外，还有公共艺术品与自然共同进化，值得我们关注，因为它给艺术与自然的共同之“化生”，提供了新的启示，我们最后以对一件公共艺术品的解析来加以阐明。

著名的公共艺术品《无声的进化》（*aevolución silenciosa*），中文名也被译为《沉默的演变》，是由英国艺术家詹森·德卡莱斯·泰勒（Jason deCaires Taylor）创作的，这件公共艺术品体现了一种崭新的“日常生态美学”（Ordinary Eco-aesthetics）之智慧。

这个公共艺术品以群像雕塑作品作为主体，选址在墨西哥坎昆市的海底，从而将之打造成“海底艺术博物馆”（MUSA），之所以选址在此，是为了纪念该地区曾经拥有的“玛雅文明”的辉煌历史。水下雕塑博物馆位于穆吉莱斯岛西岸的墨西哥国家海洋公园，截至2010年底，已有400尊与真人等比例大小的雕塑被运到海底。整个海底雕塑公园占地面积超过4520平方英尺，坐落于水下9米，总重180吨，已有声明表示：“这是世界上规模宏大同时雄心勃勃的水下景观之一。”而2006年泰勒建于西印度群岛格林纳达海岸的“世界上第一个水下雕塑公园”，也曾被《国家地理》杂志推选为排名前25位的世界奇观之一。

观赏者所见的海底艺术场景是这样的：光线穿透加勒比海的水面直射下去，一群雕像无声地伫立在湛蓝的海底，许多作品上已经爬满了珊瑚与水藻，它们与自然共同进化，在水下不断生长与演变，从而构成了当代公共艺术的独特景观。位于水下的雕塑公园，逃离了博物馆与美术馆的体制，既没有墙壁的阻隔，也没有博物馆的灯光。观赏者或者从海面俯瞰或者潜水近观，其中潜水近观是最佳的观赏方式，在浮力与失重

《无声的进化》这个公共艺术品，令人惊奇的是，它就是在海底完成的。

的感觉下，从不同的观赏角度观看《无声的进化》，都会给观赏者带来特殊的审美体验，与此同时，这个公共艺术品也驱使人们亲身进行理性的认识。

我个人以为，这是一件非常独特而有创意的当代公共艺术品，它引发了相当重要的美学思考——关于“艺术”本身，关于“环境”本身，关于“生态”本身，关于“生活”本身，这些都值得深入考量，这也是关系未来公共艺术走向的大问题。

（1）关于“艺术”本身，公共艺术如何融入大自然，进而成为自然的有机组成部分？

按照古典美学的既定观念，艺术与自然是不同的，艺术是对自然物的改造，但是，艺术越显得“自然”就越发成功。但显得“自然”所指的是自然而然的“自然性”，就像自然本身看似未被触动那样，艺术品最好的境界往往也是“自然天成”的。绝大多数公共艺术品，是按照现代主义的美学原则建构起来的，它们一般被置于城市之类的人造环境当中，这也是多数公共艺术与以大地作为媒材的大地艺术（Land Art）或者土地艺术（Earth Art）的基本差异。大地艺术往往是“硬性”地置身于自然当中的，而《无声的进化》则采取了“软性”融入的策略，附着在雕塑表面的那些小水藻，随着岁月的累积，也会逐渐赋予《无声的进化》以闪闪发光的色彩。

然而，《无声的进化》反击了传统的艺术观念，艺术品被置于公共空间，被改造为公共艺术品，回到“自然时空”里。这些海底雕塑，以当地形形色色的普通人为原型，从3岁的儿童到85岁的修女，从会计师到演员，真是包罗甚广。雕塑无疑是人造的，而且直接是从人体上塑模出来的，但这件艺术品真正追求的是艺术与自然的共存，进而，艺术融入自然中，然后，让自然再来重新塑造艺术。雕塑使用材质的特殊性，让雕塑表面布满的珊瑚与水藻可以逐渐地生长，从而慢慢改造每尊雕塑的整体形态。所以说，《无声的进化》始终是未完成的作品，岁月的演化，会继续改造这件公共艺术品。由此而论，那种“人化自然”的要素就退回到公共艺术的背后，该艺术品被创造出来之后，就成了一种保持艺术与自然联系性的“自然—艺术品”（Nature-Artworks），这无疑是对于公共艺术一种新的拓展。

（2）关于“环境”本身，公共艺术如何塑造环境？如何发现环境？如何与环境贯通起来？

公共艺术的传统展示空间在哪里？一般来说，公共艺术家大都希望将他们的作品置于大家都非常熟悉的空间中，博物馆、公园乃至主要城市的街头都是最常见的选择。然而，对于泰勒而言，海底深处是最完美的地方，这也使得这套海底雕塑品本身拥有了生命，海底蓝色调的光线也赋予了这些雕塑以异样的氛围。这就突破了传统的公共艺术领域，实现了一种新的突破。通常公共艺术与环境之间的关系，基本上就是“前景与背景”的关系，艺术对于环境进行了适度的改造。但是，《无声的进化》则彻底改变与塑造了环境，或者说，它再造出了一个新的环境。

《无声的进化》这种改造的彻底性，就在于对环境的重新发现，它开拓出一片崭新的公共艺术空间。那些海底雕塑品，使得坎昆市那片并未生长出珊瑚的海底荒芜地区，居然成了新的旅游观赏景点。更重要的还在于，观赏方式的根本改变。在海面上乘玻璃底小船来观看那些海底雕塑的人，可能更多像是鱼缸赏鱼那般采取了旁观的审美方式，但是，积极的环境美学历来强调一种“介入的美学”（engagement aesthetics），也就是观赏者要融入环境并把全身感官都投入其中，这是环境美学家伯林特的观点，对于此类独特的公共艺术的观赏，恰恰也是要全方位地介入的。

对于《无声的进化》的观赏者而言，最佳的观赏方式是潜水，深入海底进行观瞻。在观赏的时候，观赏者不是仅通过眼睛观看艺术品的，整个海底的压强、温度、湿度都共同作用于他们的审美感受，从而形成了一种综合性的美感。这种观赏方式不仅有助于人们提高环保意识，同时也使人们在与大自然的互动中吸收很多信息。对于创作者而言，一个重大的挑战就是，人们不能再以观赏传统雕塑那样或者类似的角度来看这件公共艺术品。通常情况下，观赏者可以平视，而在海底，由于观赏者的身体浮动在雕塑上面，人们只能漂浮在雕塑的两侧观赏，而且物体在水下会比在陆地上看起来大 25%，所以，艺术家就必须去思考如何让观众全方位观赏。《无声的进化》通过雕塑的摆置与设计较好地解决了这个难题，这也是在重塑环境过程中对于环境的适应。

（3）关于“生态”本身，公共艺术如何能保持生态？如何能使得生态平衡呢？

有趣的是，环境美学家卡尔松曾对大地艺术进行了激进批判，他认为，大地艺术尽管是当代艺术向自然环境的某种突围，反对传统美术馆的体制的局限，但是大地艺术留在自然中，实际上仍是对自然的“污染”。按照这种“积极美学”（Positive Aesthetis）的理念，自然本身就是

《无声的进化》最终与大自然共同进化，打破了自然与艺术的疆界。

“全部皆美”的，艺术无须去触动自然。然而，这位美学家似乎忘记了，具有美善功能的公共艺术品并不会成为自然的污染，反而会保护生态、保护环境。《无声的进化》的主要创作意图就是如此，因为坎昆市被长期开放为旅游胜地，使得该地区的珊瑚礁遭到了破坏。

这件新的公共艺术品的适时出现，使得旅游者的兴趣点，从作为自然物的珊瑚礁转向了作为艺术的作品，所以《无声的进化》里面的那些雕塑也常常被称为“人造珊瑚”。艺术家泰勒在接受采访时表示：“大量游客的涌入给现有的珊瑚礁带来很大压力。实施这一计划的目的之一就是能够转移游客的注意力，让他们将目光从天然珊瑚礁转移到人造珊瑚礁身上。”由于海洋被污染，海水温度上升过快，以及过度捕捞，当地的珊瑚礁的确面临威胁。这些水下雕塑也确实转移了游客的视线，让他们将关注点从珊瑚礁移到这些雕塑身上。据统计，之前每年有近75万游客游览当地的珊瑚礁，当《无声的进化》出现之后，这种情况才大为改观，新的公共艺术品吸引了更多观赏者的关注。

《无声的进化》的出现，一方面转移了观赏者的视线，使得真正的自然得以被保护；另一方面，这件公共艺术品本身也并未影响自然，而是利于生态保护的。这些海底雕塑都是由中性酸碱度的生态混凝土制成的，这种生态混凝土可让海洋生物附着栖息在其粗糙的表面或空隙内。与此同时，这种生态混凝土会让海洋生物感到非常亲切，这些生物非常愿意附着其上，就像附于珊瑚之上。这是一种最贴近自然的艺术创作方式，不是用纯人造材料来改变生态，而采用生态与环保材料，从而最高限度地趋近自然物。而且，与任何海洋遗迹一样，随着珊瑚虫的生长，这些雕塑外形会发生一定的变化，但这些形变从一开始便是自然而生。这个公共艺术品对生态的影响是积极的，随着时间的推移，雕塑的外观产生微妙的变化之后，可以展望，百余年后它也许会变成伟大的历史遗迹。所以说，《无声的进化》这件公共艺术品，并不是空间的，而是时间的，更是演化的、进化的，从而使其拥有了一种“自然进化论”的意味。

（4）关于“生活”本身，公共艺术是如何与生活关联的？它折射出了何种生活方式？

英国艺术家泰勒的父亲是英国人，母亲是圭亚那人，童年生长在马来西亚海边的他，对大自然有着深厚的感情。泰勒从小就在欧洲和亚洲做过珊瑚礁探险，后来，他进入伦敦艺术学院，在那里他又获得雕塑的训练。他在很年轻时就成了一名潜水教练，有将近二十年的潜水经验，这使得泰勒成为一位屡获殊荣的水下摄影师。他记录了许多自己的雕塑，以及海洋对它们在过去几年中所造成的影响，这也直接影响了他的创作意图，为后来的创作做好了某种准备。

泰勒本人表露了创作意图，表露了他的艺术的“生活理念”。艺术家创作水下人物雕塑的目的，就是希望作品能与自然环境融为一体，一方面能让雕塑拥有不同寻常的视觉艺术效果，这是《无声的进化》的形式化的力量；另一方面，也希望通过这些作品警醒世人：必须保护自然，珍爱生命，否则人类文明的断层也许就是人类亲手破坏自然造成的，这是《无声的进化》的内涵化的力量。泰勒创作的不仅是艺术品，随着时间的推移，他的雕塑作品会转变成珊瑚礁，并起到类似珊瑚礁那样的生态功能。这件独特的公共艺术品已经证明了海洋保育的能力，并激发更多人的环保意识，从而走向一种我们所说的“日常生态美学”。

质言之，我认为，作为生活美学形态的各种当代公共艺术品，需要向各个崭新的方向加以拓展，而生态维度与日常美学的融合，无疑成了由《无声的进化》所开启的新的方向之一。世界上任何一个艺术品都在随着时间变化，没有永恒的艺术，因为它们都是与自然共同进化的。

# 人类与生态中心皆不取

西方曾有一场深刻的环境保护运动，要求告别人类中心主义，而以自然生态为核心，提出了走向生态时代的问题，这与当今中国倡导的“生态文明”是基本同向的，但是中西方文明所走的路并不相同，尽管也许是殊途同归的。

在西方，生态时代因直面工业时代而出现，这是因为，工业时代的人们只知战胜自然，进而去统治自然和控制自然，却不知道人本是自然的一部分，人与自然是共同进化的共生关系。在工业时代，自然只具有为人类所利用的工具价值，而在生态时代，自然才具有了属于自身的内在价值，所以就要颠覆所谓的人类中心和人类主义，转而支持一种生物中心和生态中心主义。

这场环境保护运动的内在思想转折，就在于从开发和掌控自然，转向恢复和管理自然。西方人自认，工业时代的欧美人具有一种英雄个人主义，但如今更要具有的是一种生态意识。然而问题是，这样做就是唯一正确的路吗？中国要走的生态文明之路如何与之殊途同归？

中国生态文明是从农业文明经过短暂的工业时代而逐渐形成的，与欧美社会处于不同的历史境遇中。所以曾提出“绿色 GDP”的美国国家人文科学院小约翰·柯布院士认为，中国可以跨越西方走出工业时代的间接模式，从而直接走出一条自己的生态之路。

这就意味着，我们可以从农业文明当中，重新整合出一种返本开新的生态智慧，而无须像西方社会那般以生态中心作为人类中心的对立面，要实现生态为本，就要彻底抛弃人类本位。事实证明，这种绝对的生态或自然中心论并不适度，也没有彻底实现的可能。因为在工业文明

欧洲绘画中所见的由定点透视而生的“竖起来的自然”与中国传统绘画中所见的“横出去的自然”的空间取向刚好相反，中国传统山水画随着长卷从右至左徐徐展开，视点也慢慢地游移，形成了面对“散点透视”的“游观”。

之后，整个地球就已经被更广泛地人化了，连喜马拉雅山顶都覆盖上了酸雨，这个过程是不可逆转的。危险当然就出现在这里，2015 年笔者赴加州克莱蒙参加第 9 届生态文明国际论坛，当时就感受到数千位生态界人士忧心忡忡：因为地球的生态破坏是难以逆转的，海洋的酸度上升就是最明显的例证。

的确，绝对的人类中心主义使环境遭到污染，地球遭到破坏，这要引起警惕，加以避免，但绝对的生态中心主义则是一种乌托邦，也走不通。真正的可行之路，恰恰是中国农业文明给出的，那就是走一条人与自然的均衡发展之路。

人类真正的大规模破坏自然是从什么时候开始的呢？我认为，就是始于新石器及其更晚时代的刀耕火种。刀耕火种作为能迅速满足人类生存需求并向自然索取资源的方式，使得森林遭到大规模的焚烧而向大气中释放了大量二氧化碳，人类在无意之中已经开始改变全球气候。众所周知，以林木燃烧后的灰作为农作物肥料的方式，乃是一种非常低产的方式，资源穷尽后就只能再寻找下一片树林进行焚烧种植。随着这种技术的普及和扩大，能够以食物养活更多的人口，但是悖论又出现了，人口的增多，势必要烧毁更大面积的森林，而通常每次烧毁的森林面积是种植面积的五倍甚至更多。

回眸观之，人与地球的关系是曲线前行的，人“盘剥”地球并不是呈现出由低向高的直线发展。一百五十年前的工业革命，乃是这个曲线突然变直的原因，因为越来越大规模地使用化学燃料后，二氧化碳急剧增多，导致了新一轮的气候变暖，我们正处于这一历史阶段当中。

这种自然退化，当然是人类中心主义带来的恶果，但是未来能走的路，并不是人类主动或被动退出自然，而是人与自然的和谐共处，这就是中国农业文明智慧所带来的启示：因为中原地区经过几千年来的耕作，基本上都已成为熟土了，在此已经人化的自然基础上，人与自然如何平衡、相生、共化，才是人类未来在地球上得以延续的大智慧！

雾霾围城，必有缘起，当今中国所面临的雾霾问题主要是人为造成的，不能脱离人而思考雾霾治理。面对雾霾问题，我们可以从中国传统的“人化自然”的视角，思考如何实现人与自然的融合。

顺便说一句：我呼吁，请将“呼吸权”列为人类的基本权利，属于基本的生存权，而且，呼吸权几乎是人人平等享有的权利，更是人人都无法回避的权利。其实，呼吸新鲜空气，起码是无毒空气的权利，本应是国人的基本权利。所以，要归还人们呼吸的权利，强烈建议将呼吸权列为基本人权，否则人们的利益仍得不到根本权利上的保护。

这种呼吸权的回归，到底谁应承担责任？这里关系到生产方式的改变、消费方式的改变，还有分配方式的改变，但最终都是生活方式的转变。我们人类要从自我做出改变，那就要从生活做起。

雾霾到底是一个自然灾害，还是人为灾难？根据科学研究，霾作为一种天气现象，如果它是自然灾害，它一定有“气象因素”，有“孕灾环境”，以及“承灾体”也就是受灾的主体，但前两个方面决定了，如今的霾不是“天灾”，而是“人祸”。

我们所直面的霾，既不是由极端气象引发的跨地区时段的“尘雾”，也不是同样由极端气象引起的跨时空的“雾霾”，而是由人工污染外加不利气象条件合成的“城市灰霾”。造成这种灰霾的气象因素并不来自所谓的极端气象，无论是局域尘雾还是局域雾霾，其“孕灾环境”都是自然而非人工的，当然承灾体皆为生活在霾中的人们了。

我们就此追问，这种人工化的霾，到底是不是一种“天人合一”？如果这是由人祸引发的天灾，是不是也是一种“消极的天人合一”？或者说，这是一种“人天合一”，人祸在先而天灾在后？如此看来，原本只被视为积极的天人合一，究竟是天人相合，还是人天相悖？这就涉及“人化自然”的关系。我想起《论语·阳货》里面讲：

> 天何言哉，四时行焉，百物生焉，天何言哉？

人与自然的本然合一，这恰是继承中国人的“天人合一”的大智慧。

实际上，孔夫子的自然观，还是比较朴素的，夫子所见的“天”，恐怕并没有被后代赋予的那种“性命天道”的高蹈而明确的含义。那么，这个“天何言哉”到底在说什么？

第一点，天自己不说，它有自身的大自然的规律，遵循自然本身的运作与循环，正如许多环境问题可以通过再生来解决一样，与儒家异曲同工的是，道家智慧也关注到了这一点。庄子在《知北游》中也说：“天地有大美而不言，四时有明法而不议，万物有成理而不说。”天地不言、四时不议、万物也不说。从老子的视野开始，道就遵循“逝”“远”“返”的循环规律。

第二点，天不言，人要言！这背后的意思还有：但人不能言说天。这就需要人有一种敬天与畏天之情。所谓敬与畏，其实就是一种对天地自然的尊重。这种“敬畏之情”在儒道智慧那里皆有，但还远远不够，这就涉及第三点，更深层的意思，在畏天的基础上，到底有没有“顺天”——人顺遂天命的意思？有没有“亲天”——人与天相亲和的意思？自强不息的儒家，不仅强调“赞天地之化育”，更重要的是作为，人“与天地参”的这个“参”，既有顺天而为的意味，也有改变自然的意图，这才是中国儒家对待自然的本源智慧。

所以说，中国儒家智慧的主流应该是，强调人对自然的适度介入。人与自然的关系，我始终强调一种审美的“度”或者“度”的美学，这就是来自儒家的中庸智慧。

一方面，人类要使自然得以人化，而非如今欧美生态主义者那般寻求“去人类”的立场，寻求绝对彻底的荒野意识，似乎自然无须人类一点点触碰，事实证明只要人在，自然就在被改造。但另一方面，人类介入自然的深度，一定要有个“限度”，人类在自然人化过程中要对自我有所节制，但是这个节制绝不是退出，就像道家所谓“无为”也不是“不为”一样，儒家的自然观的实质为“适度的自然人化”或者“人化自然的适度化”。

在人与天地通、人与天地亲的过程当中，儒家实乃强调用“情”的。由此，我想到了王夫之所论的“贞情”，或者情之“贞”。情与天地万物本是息息相关的，王夫之曾论：“情者，阴阳之几也；物者，天地之产也。阴阳之几动于心，天地之产应于外。故外有其物，内可有其情矣。内有其情，外必有其物矣。”更重要的是，王夫之又强调：“人之有情有欲，亦莫非天理之宜然者！”这就意味着，人之情如得于“天”而具于“心”，那“天理”便不会排斥人情；反过来，如息情灭欲，那么也就是违反“天理”了，从而拒绝承认人所本有的天地自然之情了。

这就要看到，人化自然的限度到底在哪里？既然尊天法地，那就不是灭欲，也不是息情，那就要承认人对自然的适度融入。尽管自然还是需要人化的，但是那个深度到底在哪里，这需要人类使用“度”的智慧。中国环境史与气象史，到如今都产生了急剧的转变，我们中国已从历史上的“大象的退却”，转到如今“土地的退却”，再到“好空气的退却”，自然过度人化所造成的危机越来越显见，这是亟须警惕与亟待应对的。

我想其中非常有趣的，就是关于“环境伦理”的一个争辩。因为这确实涉及中国和西方的差异，霍尔姆斯·罗尔斯顿特别强调：我们的整个环境视野应该回到荒野，我们应该重新回归大地的荒野来定位环境伦理。然而，这对中国的历史与现实来说都是不可能的，虽然青藏高原有大量荒野存在，但在中原地区，经过几千年的农耕文明，早已是“熟土”了，中国人和天地自然形成了一种深入性的、介入性的关系。

中国就面临这样一个问题，但我们已经工业化了，乃至后工业化了，假如我们要回到儒家智慧、回到农业文明智慧，那该怎么办？这里面就有“人化自然”的深度的问题。

所以，我们现在要做的是，从一个工业化环境中如何回到中国的那种传统的人和土地的关系中。正如另一个环境学家阿利森·海耶斯-康洛伊（Allison Hayes-Conroy）在《重新连接与大地的生活》一书中所认为的：回归大地很重要的就是，农业的整体性还在不在？[1] 这就像段义孚先生所讲的“恋地情结”，他们特别强调我们对土地的那种依恋、对生活环境的依赖以及大地对我们的反哺。那么，如今身处这个时代，这个农业的整体性还在不在？

其实在当下中国，这个农业的整体性正在逐渐衰退，随着城镇人口超过农村人口之后，这个整体性已经慢慢被消解了。在这个条件下，怎么再把农业文明的智慧拿回来，就变成了一个很重要的问题。

其中特别要反对的就是，西方人主张自然和文化的二分法，段义孚

1 Allison Hayes-Conroy, *Reconnecting Lives to the Land: An Agenda for Critical Dialogue*, Fairleigh Dickinson University Press, 2007, p. 165.

工业文明来临之后，我们如何面对已经“人化”的自然呢?

先生在《逃避主义》中特别讲了二分法的缺憾，我觉得他做了一个特别好的论证。他之所以在西方地理学界有这么高的地位，也在于他反对西方这种二分法，这是中国人对世界的贡献。西方从反人类中心开始，不管是持一种弱人类中心的立场，还是持一种彻底生态中心主义的立场，都会有一个明显的盲区，那就是人到底怎样和自然寻求一个新的融合?

为什么要回到“天何言哉”、回到儒家的那种生态智慧? 一方面，我们要介入自然；另一方面，我们还要让自然本身去运作，这里面的“度”，究竟该怎么把握?

以华夏自然审美的例证来说明：进入南北朝时代，中国人爱梅赏梅已成风尚，于是就产生了一种“折梅赠友”的习俗。陆凯的《赠范晔》就说：“折梅逢驿使，寄与陇头人。江南无所有，聊赠一枝春。”将一枝梅花折下来，送给亲朋好友，就是赠送了“一枝”春天，这是极富诗意之事！

如果按照西方环境美学的意见，这种折梅之事，本身就是对自然的戕害，因为你让花枝脱离了自然。有趣的是，西方传统的静物画在画花枝的时候，往往就把花枝折断放到台上去“写生”，但是中国人画一枝花，就是让花开放在枝头。中国文人的写生其实是“写活”，而西方画匠的写生则是“画死”。中国人折梅就是把梅花带入人类的生活世界，不仅自己欣赏，自美其美，而且赠与同道，美美与共，这就是一种对自然的适度“剪裁”，而不是彻底伤害了自然，与此同时，一枝梅花作为美丽的信物，更承载着人文化的符号内蕴。

如今，还有一种极端方式来加强对梅花的审美，那就是所谓的“砍梅”。2021 年在苏州寒山寺举办的“中西哲学与文化中的自然、荒野与审美”工作坊会议中，有一位养梅的朋友告诉了我这种技法。那就是将一株梅树从头进行砍伐，有时几乎砍到了根部，这样的梅树开始出现枯萎状，然后继续生长而成“一枯一荣”的样态。的确，中国山水画特别喜欢这种枯荣参差的节奏，一棵繁茂的树边常有另一棵枯萎的树陪伴，但是如此为了人的一己之欢而对梅树大动干戈，我觉得就过分了，失去了审美的“度”，因为这种审美是建基在对梅树的巨大伤害之上的。

如今全球步入所谓“后疫情时代”，中国人正在以一种“合情合理”的智慧来应对社会变化。[1] 疫情下的地球生态产生了何种变化？当人们曾聚集的街道开始冷清、度假胜地的游人寥寥可数之际，大自然却发生了神奇的改变。在抗疫封锁一年后，全球二氧化碳排放量下降超过 6%，这是多年来记录上最大的降幅。空气更清新，水质更干净，动物的繁衍生息也超过了人类的预期。于是，各种野生动物更多地进入人类疆域，就连极地的企鹅与热带的金钱豹都“进城”了。如果没有人类的干预，自然界会变得怎样？通过模拟实验，仅在封锁几小时之后，全球噪音就

1 刘悦笛：《情理合一：中国人的生存智慧》，南宁：广西人民出版社 2021 年版。

减少了70%，鸟叫声又占据了“自然之声”的主宰。空气污染最严重的印度在封锁仅仅十二天后，出现了令人震撼的美丽景象：远在天际的那一抹喜马拉雅山脉，突然就出现在人们的眼前！而对于年轻人来说，这是第一次在城里看到喜马拉雅山脉上的雪盖，而上一次出现这样的景象则是在三十年前！

最终，面对生态失衡，我们要呼吁——提倡生活方式的改变！提倡中国人的新的生活运动，走向一种“新简朴主义”的生活方式。这样所追求的是一种自然、健康和精致的生活姿态，它既是健康的，也是可持续的。同时，这种生活方式，是要诉诸美学的，我们要形成一种“自然审美化”与“审美自然化”的生活方式。自然需要保护，“美自然”更值得保护。

# 结语

## “自然美学”答问录

问：可否介绍一下近些年来全球美学界对环境美学、生活美学等问题的关注情况？

答：“斯坦福哲学百科”中的“环境美学”与“生活美学”，乃是美学方面两个最新的词条。

总体来看，当前国际美学界最重要的三个发展方向还是相当清晰的，它们分别是：当代艺术哲学、环境美学与生活美学。20世纪后半叶，国际美学研究的绝对主流，就是以分析美学作为基本方法的艺术哲学研究。然而，到20世纪末期，东西方美学家们都意识到仅仅研究艺术是不够的，如此一来，“自然”与“生活”就成了艺术之外的两个重要的研究领域。首先是自然美学出现了，当对于环境的理解拓展到人造物的领域的时候，环境美学接着就应运而生，当关注到环境保护的伦理维度的时候，环境伦理学也就适时出场了。

问：与环境美学比照，生活美学究竟是如何在中国发展起来的呢？

答：从自然美学发展到环境美学，经历了四十多年的时间，而生活美学可谓方兴未艾，它刚刚成为21世纪的新美学，从2005年之后为中外美学家所广泛探讨。但是，“生活美学”并不是浅薄的直面大众文化的美学，因为大众生活的美学考察只构成了日常生活美学的一部分，而作为哲学建构的生活美学则关系到美学回归到“生活世界”的本体论转向的问题。根据我对生活美学的研究，在生活当中的审美，也是要存留自然、环境与生态要素的，这也是中国古典美学留给我们的遗产。

应该说，从生活美学来发展全球美学，是一种具有本土化的理论视野，它关系到具有“中国性”的理论建构。这种建构必须是以本土文化作为基石的，但是又具有某种普遍价值。关于生活美学的中国化建构，我已经在2005年出版的《生活美学》一书当中系统论述了。因为这种观点具有某种原创性，所以2007年出版的《生活美学与艺术经验》还曾获得新闻出版总署评选的“三个一百”原创图书出版工程奖，而后一系列著作如《生活中的美学》《生活美学与当代艺术》都在完善这种新的美学，直到2021年在商务印书馆出版《审美即生活》。另外，我在2007年出版的《艺术终结之后》一书当中所论述的“艺术终结观”也与之有关，因为艺术在未来的某一天如果真能终结了，那么，生活才是艺术的真正终结点：如果一切都成为艺术，那么一切都不再是艺术，艺术与生活的边界最终消解了。以乐观主义的眼光来前瞻，艺术终结之日，才是真正的生活开启之时！

问：您认为自然美学与环境美学的区别与联系有哪些？

答：2010年在北京举办的第18届世界美学大会，东西方美学名家齐聚一堂，植根于中国本土的生态美学与舶来于西方的环境美学形成了犄角之势，相关的专场研讨会就有“环境美学专场”“自然美专场”和“美学与城市文化专场”等等。有趣的是，艾伦·卡尔松的发言《环境美学的十个转折点》，对西方的环境美学进行了历史性的总结，其中第十点即最后的发展阶段，就是进入教材撰写和相关教育的阶段了，当时我在与卡尔松的现场交流中，也曾指出“环境美学史”是到了该总结的时候。

目前，国内相关的研究出现的两个问题是：其一，我们往往将自然美学与环境美学混为一谈，而没有将二者明确地区分开来；其二，尚未完整地看到自然美学与环境美学的整体图景，而仅仅囿于局部的译介和

我在自然美学和环境美学上的一项重要工作就是质疑西方式的“荒野模式”。

研究。随着环境美学在西方美学界的拓展，环境美学至少被分为“自然环境美学”与“人工环境美学”两个大的领域，生态美学与前者的关联性更大。我对于生态美学与环境美学的关系研究不多，但是，对于环境美学与生活美学的关联曾有所论述。

按照环境主义论者的观点，他们认为，如果认定“环境”就是围绕着主体生成的，那么，这种思想本身就蕴含了“人类中心主义”的意味。然而，环境毕竟还是针对人类而言的，没有人类也许就无所谓环境的存在，甚至可以说，环境总是“属人”的环境，无论针对每个个体还是整个人类来说都是如此。尽管环境与每个人的亲疏关系千差万别，但是，可以肯定的是，随着人类活动特别是工业化之后的改造自然活动的全面展开，整个地球很难说还有尚未被“人化”的部分。即使在世界最高峰也出现了人类垃圾遗留的现象，而且，地球的任何一片土地都受到了气候（特别是气候变暖）的整体影响，哪怕是人类从未涉足的冰山顶峰与积雪深层，皆已受到了新的气候所带来的人为性的变化。

问：您认为自然美学和您所倡导的生活美学对我们当前的文化观念、生活方式有哪些启示？

答：自然美学对当代中国人的生活方式与文化观念的改变具有重要的启迪作用。这是一个理论与现实结合的问题，生活美学也在做着这种“知行合一”的事情。生活美学作为一种体用合一的美学，亦不再是讲坛上的高头讲章，而是真正落实到国人的生活实践当中，这也恰恰符合其“生活化”的本义。

在践行的领域，无数从事“茶道”“花道”“香道”“琴道”“汉服复兴”“中装剪裁”“美食美味”“古典家具”“古今收藏”“工艺民艺”“旅行民宿”“非遗保护”“公共艺术”“艺术教育”“艺术授权”“创意产业”“游戏动漫”“室内设计”“地产开发”“社区规划”乃至“城市顶层设计”的人士，都积极融入“生活美学”的洪流之中。这些“生活美学”同道，在民间被称为“生活美学家”，他们正通过自己的力量传播着“生活美学”。我认为，这样的美学建构才是脚踏实地的，也就是把我们的两只脚深深地扎根于我们脚下的大地。

问：我们应该怎样构建具有中国特色的自然美学？中国传统文化对构建自然美学有什么启示？

答：我坚定地认为，任何当代中国美学形态，都不应是西方美学的照搬，而更应“自本生根”地来加以发展。同理可证，根据我对于中国古典生活美学的研究，中国古典美学自本生根地就是一种“活生生”的生活美学，在这个根基之上，中国美学可以为当今的全球美学贡献出巨大的力量，因为我们的“美学传统”就是生活的，我们的“生活传统”也是审美的。这一生活潮流，是“自下而上”自然生长出来的，其国民

我们必须要追问：中国的自然美学和环境美学的本土特质是什么？

心理基础大概就在于“爱美之心人皆有之”。自然而然地生长，如此才能长久持续。

在中国倡导生态文明建设的时候，自然美学就是其中应有的重要维度。

在我们每个人都在追求美好生活的崭新时代，生活美学在其中会扮演不可或缺的角色。因为美好生活可以两分为：“好的生活”与“美的生活”。好的生活乃是构成美的生活之现实基础，而美的生活则是好的生活之理想升华。在这个意义上，生活美学不只是西方的“感”学（感性之学），更是本土的“觉”学（感性之智），美学恰恰关乎“幸福”的追求，并要致力于让人们的生活过得美好。质言之，生活美学，不仅是一种关乎审美生活之学，而且是一种追求美好生活的幸福之道。前者之学是理论的，后者之道则是践行的，二者恰要合一。

问：自然美学与环境美学在当下亟待解决的问题或面临的理论困境有哪些?

答：2019 年，在美学研究上封笔多年的李泽厚先生，新写了一篇《作为补充的杂谈》，作为其“美学作为第一哲学”专论的补充。当我看到这篇未刊手稿之时，就更明确了从“实践美学”到“生活美学”原来皆为“有人美学”这一观点。李泽厚明确反对“无人美学”，并将这两类美学对立起来，因为它们在美学道路上根本殊途而无法同归。

究竟何为“有人美学”和“无人美学”？美学上何以“有人”抑或“无人”？那就要回到李泽厚的论述中，他首先给出这样一段文字：“《美学四讲》后，我离开美学领域整三十年，对国内外美学情况，知之极少，不便谈论。但大体看来，自分析美学占据统治地位数十年之后，由于与现实生活严重脱离，而这期间与科学技术和经济迅猛发展同步，生态恶化、市场化商品化的生活景貌和实质突出加重，个体欲求的速增，人际关系的淡薄，暴力、吸毒、漂泊、性泛纵、抑郁、无聊……使得‘生态美学’‘环境美学’‘生活美学’应运而生，开始旺盛，它们在探讨研究许多具体问题上当有贡献和益处，却未能在哲学上有所突破，例如就没有去回答人生究竟是在有限中求无限，还是浮士德精神的无限追求，是中国传统的‘空而有’，还是 Heidegger（海德格尔）的‘畏且烦’。”

李泽厚在 2019 年的最新论述里接着写道：“而《美学四讲》中所提出的社会美、自然美两节倒正是生活美学、环境美学的基础，只有贯彻实践美学狭义实践的基本观点（亦即工具本体“工艺—社会结构”在现代日常生活中的基础性、方向性和动力性），着重由高科技带来今天社会生活的时空、速度、节奏、韵律、关系的改变（如手机、电器、互联网、高铁等等），使美作为自由的形式，美感两重性和四要素以及人与人、人与自然、人与环境的关系的变化发展，来探讨从城市设计到家园意念、从陌生化到现代丑、从乡愁到禅意等等的各种复杂交错，来探索和展示人性的生成和发展，而与如何渗透中国传统‘情本体’哲学联结起来。至于以生物本身为立场即完全脱离人类生存延续的所谓生态美学、生命美学以及所谓超越美学等等，当然为实践美学所拒绝。它们都属于‘无人美学’。当然，这课题还未被重视和展开。”这的确是个非常中肯的学术建议，也提出了实践美学正面的肯定与反面的否定，其中也包含对于生态美学的某种批评吧。

问：您认为未来中国美学的发展前景和趋势会是怎样的？

答：在我看来，未来中国美学会沿着“有人美学”与“无人美学”的两条道路发展！难道当代中国美学发展之路，不可以由此一分为二吗？！

“有人美学”的根基是中国式的，“无人美学”则是倾向于西方化的，以生物本身为立场的思想从未成为中国传统的主线。与“有人美学”之道殊途，一面是倡导生命与超越的美学（作家高尔泰的主观论美学后来也生发出“生命论”趋向），另一面则是崇尚生态的美学（美学家蔡仪的客观论美学早有“以自然为中心”的趋向），它们之所以是“无人美学”，因为前者落归于动物生命，后者认定自然为中心，由此这些美学趋向都是“去人化”的。

在这个意义上，以生产形式为基础的实践美学与以生活形式为基调的生活美学，却都可以归属于“有人美学”一派。因此，那种将生活与生存、生命、生态混为一谈的做法，认为它们都归属于生活美学，这就并未认知到它们之间的本质性差异。看似生活美学与实践美学殊途的各种“生派”美学更相近，但事实并非如此，生活美学与实践美学的路数更为相近，二者皆是建立在中国人的“一个世界”的世界观基础之上。

“未来美学”的发展，交给“美学未来”来决定，那就各美其美，美美与共吧……

# 后记

## 融入生活的环境美学

当代环境美学家们正在形成某种共识，他们共同关注的主题几乎都是环境美学的“生活化”问题，无论他们走的是应用的途径还是理论的道路。在2010年8月举办的第18届世界美学大会上，以及在新近十年的环境美学发展当中，我们看到了环境美学发展的重要新方向：（1）走向“应用环境美学”；（2）走向“生态学美学”；（3）走向“社会美学”。但是，这几个方向的共同指向是根本一致的，那就是走向“生活美学”。那么，为何环境美学最终要融入生活美学当中呢？根本的理由，就在于“审美尺度”已成为环境与生活的共通标准。按照伯林特的理解，审美不仅可以成为衡量环境优劣的高级标准，而且，也是衡量我们日常生活质量的中心标准。

当前中国美学正面临历史上最好的发展机遇期。一方面，在国际美学协会所倡导的“文化间性”转向的浪潮中，中国美学界正在融入“全球对话主义”中；另一方面，中国美学在国际交流中，更加意识到只有民族的才是世界的，所以，将中国本土美学“国际化”进而推向世界已成为大势所趋。“分析美学”在欧美学界占据绝对主导，与这种主流的传统相比而言，当今中国美学始终没有经历过“语言学转向”的洗礼，在分析美学研究特别是“艺术哲学”研究方面，中国学界还是有很大差距的；对于分析美学之后兴起的“环境美学”，中国学者更多地还是在追随这个美学浪潮，而只有到了生活美学兴起的时代，中西美学之间才真正形成了“平等对话”的关系。

生活美学是近二十年来在中西方同时兴起的美学新潮，它本身就是美学多元化的产物，美学从关注艺术、环境进而开始“关注生活”“回归生活”，这也造成了新世纪国际美学界的“生活论转向”。在多学科的交叉视野当中，生活美学需要汲取诸如人类学、文化学、社会学等学科的养分，而且，更要在东西方美学的互动之间共同融入这个国际美学最新的思潮。

2007 年 7 月，在土耳其安卡拉召开了第 17 届世界美学大会，这是国际美学界最高规模的盛会。从原本的“欧美俱乐部”，到如今关注非西方的美学智慧，世界美学大会的主题逐渐出现了微妙的变化。本次会议的主题就是“美学为文化间架起桥梁”，这顺应了当代美学和艺术发展的“文化间性”的转向的历史大势。因而，我在本次大会上的英文发言也以《观念、身体与自然：艺术终结与中国的日常生活美学》（*Concept, Body and Nature: The End of Art versus Chinese Aesthetics of Everyday Life*）作为题目，没想到引起了许多当代美学家的积极关注，在会场上下与他们的争论，我个人觉得记载下来还是非常有价值的，这也关系到环境美学与生活美学的关联。

深谙分析传统的欧美美学家自然对生活美学采取了拒斥的态度，而且，就连不完全在这种传统内的美学家也对生活美学采取了怀疑的态度。在我发言之后，著名的环境美学家伯林特追上了我，追问我发言究竟是什么意思，其所包孕的努力究竟是什么。当时我就继续向他做解释，可是当我说到“生活审美化”的时候，他立即提出自己的反驳意见，他明确地说：“我们一直在使生活审美化呀！”然而，仔细一琢磨，他的这种取向还是有“个人审美主义”之嫌疑。

为什么这样说呢？在本次大会上，伯林特还进行了一场钢琴独奏音乐会。国内许多人都不知道，作为美学家的伯林特同时还是一位钢琴演奏家，时常在各地进行演出，这种现象的确非常鲜见。当我和他说这种复合型“人才”并不多的时候，他竟毫不谦虚地说学者兼音乐家在美国也是寥寥。当然，他对于音乐具有一种哲学性的独特理解，在其演奏的几十个音乐片段中，穿插着他对于标题和音乐关系的理论阐释。或许，当这位音乐家兼美学家沉浸于音乐的时候，的确对他自己而言生活审美化是“一直”持续的。然而，对于大众来说呢，并非人人都是艺术家呀，或许生活美学是一种建基于大众生活而非少数精英文化基础上的新的美学。

还有一个难点问题，亟待我们来解决——是将生活美学当作环境美学的分支，还是把环境美学作为生活美学的分支呢？这也关系到对生活美学的误解。当代欧美环境美学家更多地把生活美学作为环境美学的发展环节。这里面引导出来的问题就是：生活是从环境里面延伸而出的，还是环境围绕生活而生成的？按照环境主义论者的观点，他们认为，如果认定环境就是围绕着主体生成的，那么，这种思想本身就蕴含了“人类中心主义”的意味。

实际上，环境与生活就是密不可分与交互规定的，环境更应该被视为“生活化”的环境，它具体包括“自然环境”“城市环境”和“文化环境”三个基本部分。活生生的“人”及其与生活环境的互动关联，恰恰是环境美学融入生活美学的必然通途，因为任何一种美学都希望人类生活得更加美好！

记得明清之际的文人张岱，在《陶庵梦忆》当中对于眼前的自然与身后的烟火，有着如此一段精妙的对比描绘：

> 一日，放舟焦山，山更纡谲可喜。江曲涡山下，水望澄明，渊无潜甲。……山无人杂，静若太古。回首瓜州烟火城中，真如隔世。[1]

前面是太古自然，后面则是人间烟火，但二者不是割裂的。恰恰由于生活的根基，审美者对自然更加珍视，由“无人的自然”反观“有人的生活”，竟令人有恍然隔世之感……

最后要说明的是，本书的插图，除了少数个人拍摄与少量艺术史图片之外，多数来自我的朋友、手机摄影师卷毛佟。南迦巴瓦峰的图片则来自星空摄影师戴建峰。我与这两位年轻摄影师在从云南去往东南亚的一次自驾之旅中结下了深厚的友谊。九千里路云和月，那是一次平凡的自驾之旅，更是另一种生活之旅。

感恩生活，感恩自然！

刘悦笛

全书定稿于北京斯文至乐堂

---

1 张岱：《陶庵梦忆》，杭州：浙江古籍出版社 2018 年版，第 26 页。

自然之美

产品经理｜陈　曦
装帧设计｜王　媚
监　　制｜何　娜
特约印制｜刘世乐
技术编辑｜朱君君
出 品 人｜王　誉

## 图书在版编目（CIP）数据

自然之美 / 刘悦笛著 . -- 合肥 : 安徽文艺出版社，2021.10

（名家美育课）

ISBN 978-7-5396-7193-2

Ⅰ . ①自… Ⅱ . ①刘… Ⅲ . ①美学 – 青少年读物 Ⅳ . ① B83-49

中国版本图书馆 CIP 数据核字 (2021) 第 070995 号

ZIRAN ZHI MEI

# 自然之美

**刘悦笛　著**

出 版 人：姚　巍　　策　　划：段晓静　宋潇婧

出版统筹：宋潇婧　王婧婧　　责任编辑：秦　雯　曾柱柱

装帧设计：王　媚

出版发行：时代出版传媒股份有限公司 www.press-mart.com

安徽文艺出版社 www.awpub.com

出　　版：合肥市翡翠路 1118 号　邮政编码：230071

营 销 部：（0551）63533889

印　　制：天津市豪迈印务有限公司　电话：（022）83989181

开本：710mm × 1000mm　1/16　印张：13.5　字数：180 千字

版次：2021 年 10 月第 1 版

印次：2021 年 10 月第 1 次印刷

定价：59.80 元